江戸前のハゼ釣り
上達法

鈴木和明
Kazuaki Suzuki

文芸社

まえがき

私は自分を「釣り師」だと思っています。だから、この本に書いてあることは自慢話だと思っていただいて間違いありません。自慢話は釣り師の特権なのですから。

釣り師が書いた本だから当然だ、とこの本をひもといていただいた方にはきっと読んでよかったと喜んでいただけると思っています。

努力と継続こそが趣味や道楽の力の源泉だと思います。どのような努力と研鑽をすれば江戸川のハゼをミャク（脈）釣り（ウキを使わず、アタリを直接手でとる釣り方）で一日に一九五九尾も釣ることができるのか、リール釣りで一日に六二三尾も釣ることができたのか、この本を読んで共感していただければ幸いです。

江戸川には想像を超える数のハゼが生息しています。読み進めていただけるときっとわかっていただけることでしょう。

最近では、たかだか水深一～三メートルの空間に広大な「宇宙」を感じています。そこにハゼという生きものがいてそれを追う釣り師がいるのです。

この本は一六年間、江戸川のハゼを追い続けた釣り師がハゼ釣りファンに贈るエッセイ集です。

見て、聞いて、体験して、会得したハゼ釣りの技術をさまざまなエピソードを交えて綴りました。私の持っている技術の情報公開というところです。

私は江戸川でハゼの一日千尾釣りに挑戦した最初の釣り師です。それから一六年がたちました。束釣りといって一〇〇尾釣れれば大漁といわれるときに、一〇〇〇尾とは「正気の沙汰でない」目標でした。その顛末はどのようだったと思いますか。

江戸前のハゼ釣り上達法●目次

江戸川放水路夏ハゼのボート釣り。
竿１本、ハリ１本のミャク釣りの基本姿勢

この本を読んでいただければみなさんもきっと「ハゼ釣り師」の仲間に加わりたいと考えるのではないでしょうか。

では、江戸川でお会いしましょう。

二〇〇五年四月吉日

鈴木和明

1 水中遊泳と軟着陸

見釣りのアワセは簡単明瞭

江戸川でハゼのミャク釣りをするときの一番大切な技術は「水中遊泳と軟着陸」と名づけた技術です。この技術を知り、習得することができれば思いのままの釣りがかなうことでしょう。

その話をする前にハゼの生態の一端を紹介します。水中遊泳と軟着陸の技術に到達したわけがわかると思います。

「見釣《みづ》り」という釣りをご存知でしょうか。六月から一二月までの江戸川

のハゼ釣りシーズン中に一度や二度はハゼの見釣りができることがあります。主に一〇センチ未満の小型が多い六月初め頃にチャンスがあります。

仕掛けを投入するとワッと寄ってきてエサの取り合いが始まるのが見えます。ハゼ同士が上になり下になり、ときには白い腹をチラチラ見せながら群がるのです。試しにエサをつけず、空バリで入れてみたのですがハゼは見向きもしませんでした。なぜ、そのような瞬時の判断ができるのかまったく不思議なことです。

見釣りのアワセはとても簡単です。エサが見えなくなった瞬間に竿を立てればよいのです。

ハゼの口の中にエサが入って見えなくなったときは、ハリは口にかかります。でも、ときどき腹や尾ビレにかかることがあります。それはエサが口に入らないで、単に魚の体にエサが隠れて見えなくなった場合でもそれと気がつかずに竿を立てることになるのですが、そのようなときはハリ先

のすぐ近くにいたハゼにハリが引っかかるのです。

釣り人はそれを「スレがかり」と言っています。ですから、姿の見えないハゼを釣っているときスレがかりした場合は、魚がたくさんいると思ってもよいのです。

ハゼの口からシャワーのようにエサが噴出

見釣りをしているとめずらしい光景が見られます。ハリがかりしたハゼの口からシャワーのようにちぎれたエサの粉が噴出するのです。

エサが長かったり、比較的硬い部分がついていて細かくちぎれなかったときなどは、残ったエサがハリのかかった口の外にはみ出してハリにぶら下がっていることがあります。ときには釣れたハゼの口からはみ出したエサを口いっぱいにくわえて、上がってくることもあります。一本のハリに

ハゼが二尾釣れることもあります。また、半径一メートルほどの範囲にいるハゼがツツーッと寄ってくるのも見えます。

このような光景を見ていて、そこにたいへん重要なヒントが隠されていると思ったのです。つまり、ハゼの口からこぼれたエサのクズがちょっと離れているハゼの注意を引きつける「寄せエサ」の役目をしているのではないか、ということでした。

ハゼを寄せて釣る心がまえが大切

六月から九月までは夏ハゼ釣りの季節で主としてミャク釣りをします。数をたくさん釣ろうと思ったらこの釣法を練習するとよいでしょう。ウキも目印もつけず、道糸(竿先からハリスまでの糸)、オモリ、ハリだけのシンプルな仕掛けです。

夏ハゼの中心サイズは六～一〇センチで、数が一番多いサイズでもあります。ですから、見釣りの経験を生かして周囲のハゼを「寄せて」釣るという気持ちで臨むとよいのです。他魚のように別にコマセを用意して釣り場にまくようなことはしないで、ハゼを寄せるのです。

江戸川はだいたいがいつも細濁《ささにご》りでハゼの姿は見えません。川底が透きとおって見えるようなときは水温が極端に低いか青潮《あおしお》になったときです。ですから見釣りはできないことの方が多いのです。

一投目のエサは大きくつける

釣り場に着いてボートのアンカーを入れて、さあ、釣ろうとしたときにほとんどの場合川底は見えません。ハゼがいるかどうかも見えません。そんなとき、最初にハリにつけるエサは青イソメの尻尾の部分のやわらかい

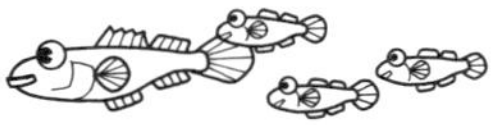

ところを、三センチほどに長く切ってハリにつけます。

当然、エサはハリよりもずっと長いのでだらんと垂れ下がる部分があります。それをタラシといいます。つまり「一投目のエサはタラシを出して大きくつけておく」と釣り人用語で表現しますがここにコツがあるのです。

七センチクラスのハゼが多いのに、三センチもの長さのエサを目の前に出されても一度には食べきれません。何尾ものハゼが寄ってたかってエサを食いちぎるのです。つまり、食べきれないエサを奪い合っているうちに、食いちぎられたエサのエキスが寄せエサの役目をすることになるのですが、寄せエサとしてはそれで十分だと考えています。

そのようなわけで、最初から必ずしもハゼを釣り上げてしまわない方がよい場合もある、ということがわかります。また、そのことによりハゼがいるかどうかの確認もできるのです。これを「アタリを出す」といいます。

小さなエサは小型が先に釣れる

単位面積あたりのハゼの数は小型ほど多く、大型になるほど少なくなります。まして、越冬したハゼ、つまり一般的にヒネハゼと呼ばれるものは極端に少ないのです。ハゼは一年魚だからです。

ヒネハゼは大型ほど動きが鈍重で警戒心がとても強いのです。大型ハゼの目の前に仕掛けを投入しても、ハゼはスッと横を向いてしまいます。口の前にエサを持っていくとまた横を向くのです。憎らしくなるほどの仕草なのです。そういうハゼを釣るには途方もない根気がいります。夏ハゼ釣りの場合、絶対数の少ない大型の目の前に釣り人のエサが落ちる確率はとても低いと思った方がよいでしょう。

八、九月頃、一二センチほどのハゼがたくさん釣れるようになります。それはその年生まれのデキハゼといわれる、ハゼの一番早く孵化したもので

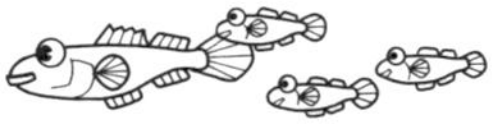

す。

孵化した順番に一番子、二番子などといいます。実証された話ではありませんが、江戸川では八番子くらいまでいるといわれています。

夏場はほとんどの場合デキハゼを釣ることになります。エサのタラシを出していると空ぶりが多くなります。ですから、釣り人はエサを米粒くらいから一センチほどまでと小さくつけるようになるのです。

とても面白い現象ですが、エサを小さくつけると大型がそばにいても小型のハゼが群がり、小型から先にハリにかかって釣れてしまいます。ですから、大型が釣れるかも知れない、という直感のようなものが感じられたときは、エサはタラシを出してつけてみることも作戦といえます。そうすれば小型が寄ってきても、ハリにかからないうちに大型が釣れるからです。試してみるだけの価値はあります。

水中遊泳と軟着陸

エサのエキスに誘われて寄ってきたハゼは活発にエサを追います。ハゼの活性の高いときは、投入された仕掛けが川底に着底するまでの間にアタリが出ることがあります。その感触がわかるようになれば楽しさも倍増すると思います。

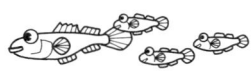

仕掛けの投入方法は前後左右自由な方向に振りこんでいいのです。大切なことは、仕掛けが水面から川底までの間を、放物線を描いて落ちていくようにイメージすることです。この様子を「水中遊泳」と表現しています。ハゼは川底にいて上を見ていますから、そのハゼにエサが落ちてくる様子を少しでも長く見させるための作戦です。ですから、真上から真下へ真っすぐに落とすのはなるべくやらないようにしましょう。

オモリが川底に着地する瞬間を「軟着陸」と表現しますが、「ドシン」で

青イソメのつけ方

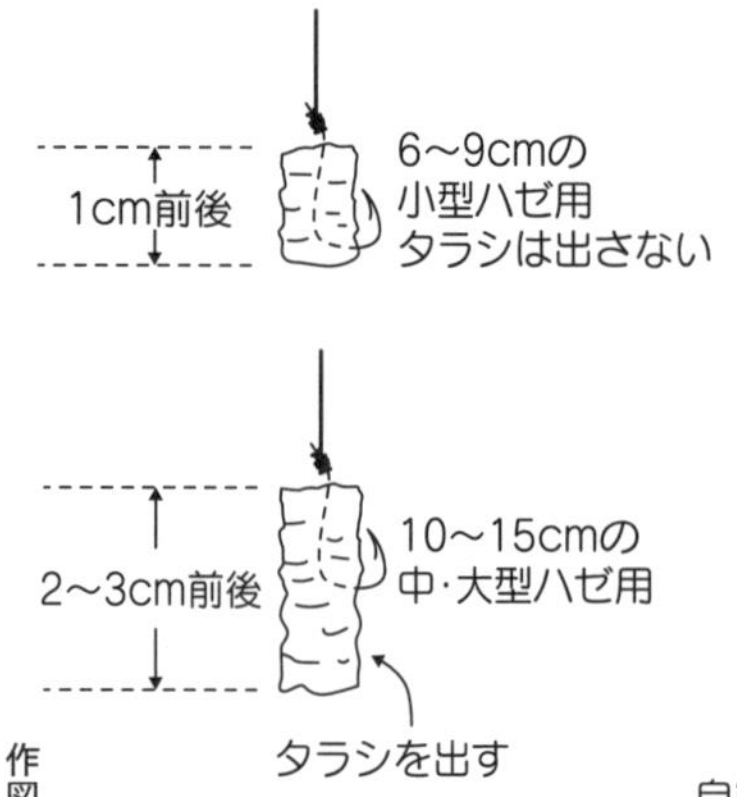

ハゼ浅場用ミャク釣り仕掛け

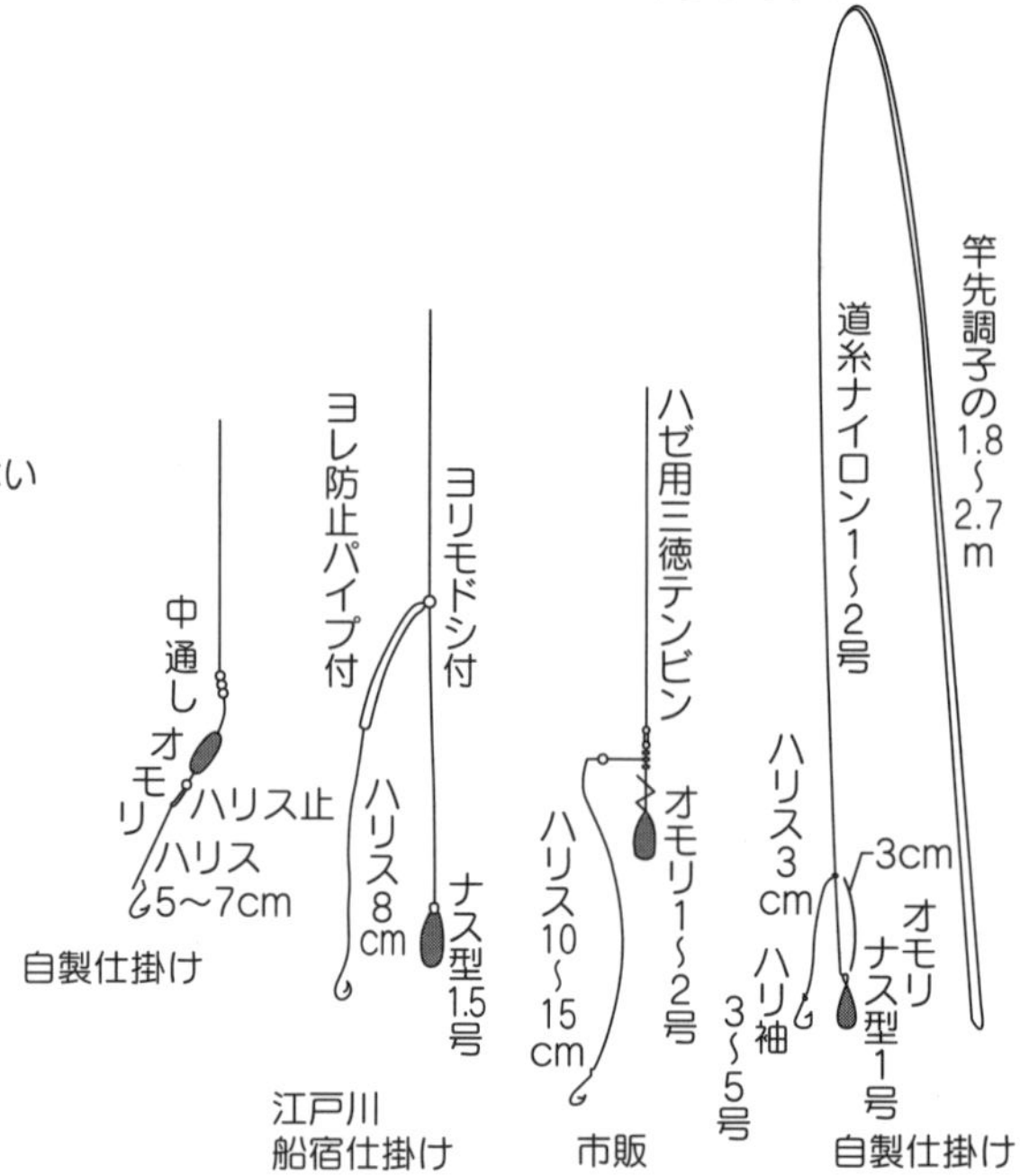

作図 鈴木和明

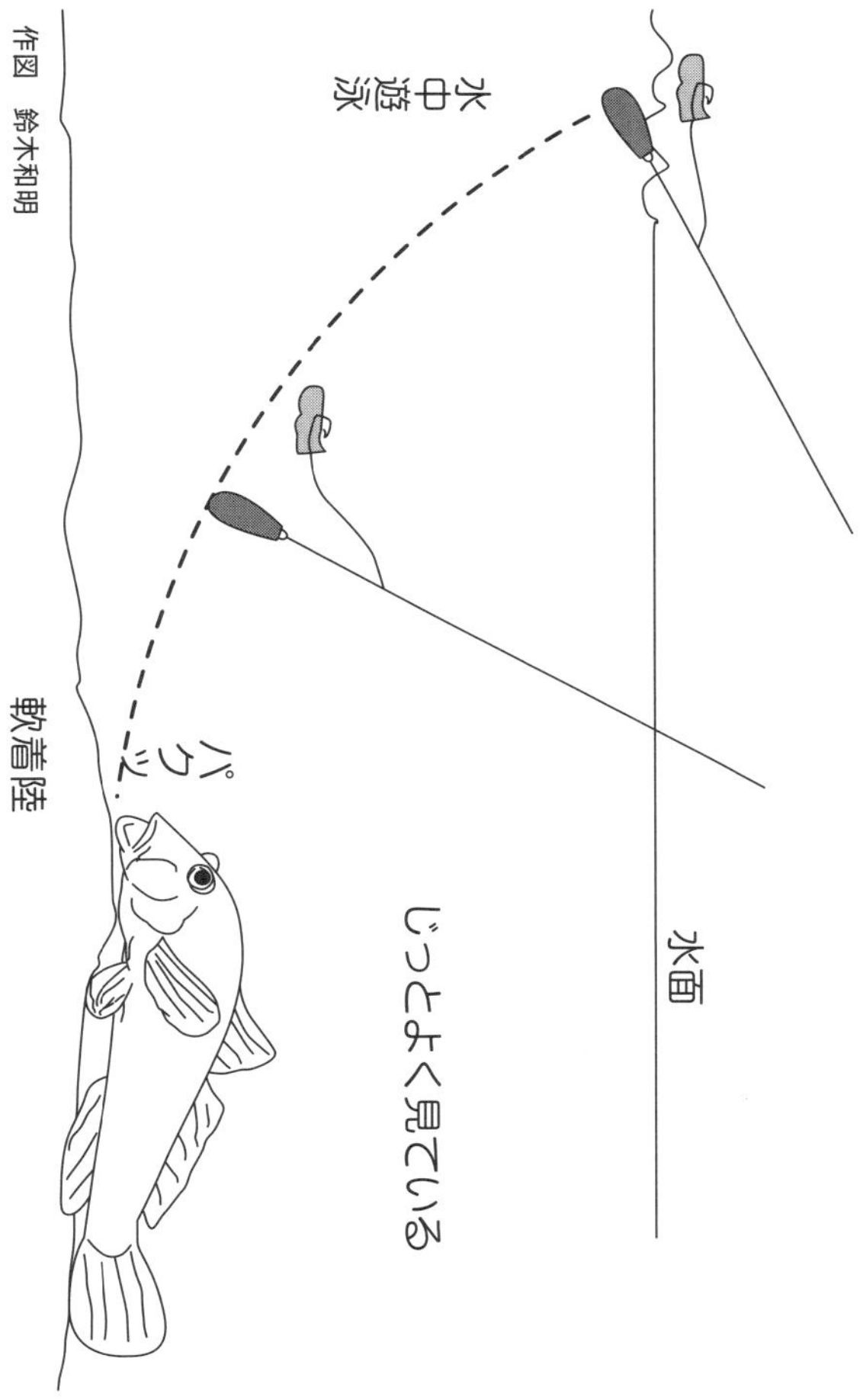

水中遊泳と軟着陸のところ

作図　鈴木和明

はなく「スッ」という感触がベストです。

軟着陸に成功すると、着地の瞬間にアタリが出ることが多いのです。一投目にエサを大きくつけてハゼの注意を引きつけるのは、次にハゼを釣り上げるために振りこんだ軟着陸の瞬間にアタリを出すための前哨戦でもあるのです。

アタリは竿を握る手の平に伝わる微妙な感触（チクッ、コツッ、モゾッなど）だったり、竿先がスッと引きこまれたりします。

私の江戸川でのハゼ釣りのさまざまな「記録」の基本的技術となっているものは、「水中遊泳と軟着陸」の技術なのです。この技術については別項でも触れます。

軟着陸用の仕掛けは胴突き仕掛け

長年、江戸川のハゼのミャク釣りをしていると、自分にとってのベストの仕掛けがわかってきます。私にとって実績があり、経験的にも身についた仕掛けは胴突き仕掛けです。スピーディな竿さばきが可能だからです。これを「手返しがいい」と言います。

ミャク釣りの竿

長さを違えて揃える

釣り終えて宿へ戻って休憩していると、「どんな竿を使っているのですか」と聞かれることがあります。

ミャク釣り用にカーボンの渓流竿、振出し万能竿、硬調へら竿などに相当するものを持っています。竿を見せるとあまりのみすぼらしさに言葉を濁す人もいます。

十数年使いこんだ竿で、塗装もはげて擦り傷もあり、新品のような光沢

はまったくありません。特別の手入れはしていないのです。

私のような横着者には、和竿などは製作者にかえって失礼だと思って、今は和竿を使っていません。

「○○とハサミは使いよう」という言葉がありますが、釣り竿も素材、長さ、太さ、重さ、作り、魚種などにより種類が多いのです。要は「釣り竿」も使いようだと思います。

私の場合、竿は一・八、二・一、二・四、二・七、三・〇、三・六、四・〇、四・五メートルの長さのものを各二本ずつ揃えてあり、時季により数種類を携行しています。

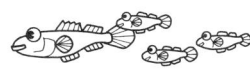

その理由は、「軟着陸」のアタリを効率よくとるために、水面から竿先までの距離が離れすぎないように交換用の竿を用意しているのです。水深によって最適の長さの竿に替えます。

いちいち竿を替えなくてもいいように、道糸が竿の中に通っていて出し入れができ、一本で深さの違う場所に対応できるのでとても便利な中通し竿も市販されています。ただ、竿の長さよりも深い場所ではその分道糸を長く出していますから、ハゼが釣れたとき手を高く上げたり、道糸を手繰ったりしなくてはならないことがあります。

私も当初はそのタイプの和竿を使っていたのですが、本格的に江戸川のハゼの数釣りに挑戦するときに竿を替えたのです。要は手返しの問題です。数釣りを望まないときはたくさん揃えなくてもいいと思いますので、竿の種類も数も自由に選べばよいと思います。

硬くてしなやかな軽い竿を選ぶ

釣具店で竿を選ぶときは、第一に「軽さ」をみます。この場合、総重量が軽いことだけでなく、持った感じが軽いことがとても大切です。場合によっては両手に持って一日振るかもしれないからです。

第二は「硬くてしなやか」が重要になります。これはとても矛盾した要素ですが現代科学はすばらしい素材の竿を生み出しています。

短竿の場合は先調子（竿の曲がる支点が竿の先側にあること）が使いよいと思います。

この場合、一号オモリに糸をつけて穂先に下げてみます。オモリに負けてお辞儀（竿のしなり）が深いようではハゼの口にハリをかけるタイミングに遅れます。ある程度、ピッと穂先が伸びた感じがいいと思います。穂先を締めこむアタリの前に、手の平に伝わるハゼがエサをくわえた感触でアワセるからです。それを釣り人用語では「浅場は腕で釣る」などということもあります。

ブルブルと竿先を震わす引きは小気味よくて楽しいのですが、それはハゼが逃げるときの引きでハリを飲みこまれていることも多いのです。飲ま

れてしまうとハリをはずす何秒かがロスになりハゼも傷つきます。ボートの上でハリをはずすのに手間取ってしまい、握っているハゼが生暖かくなってしまった経験のある方もいると思います。

竿の調子そのものは気に入ったが、穂先が少しやわらかすぎると感じたときは、穂先を少し詰めたこともありましたがこれは私のこだわりのためです。

このような場合も「硬くてしなやか」が大切で「棒のような竿」になってはいけません。それは二本竿で釣る場合などに、片方の竿のハゼを取りこんでいるときは、一瞬でも他の一本は置き竿になるのですから、そのときにアタリがあったら竿にまかせて釣らせることになります。

置き竿（竿を竿掛けに置き、手を離した状態で釣る）にアタリがあったとき、竿や穂先が跳ねるようではいけません。ハゼがエサを離してしまうからです。

一・八、二・一、二・四メートルの長さの竿で、そのようなこだわりが強いのです。長竿になるほど細身で軟調の竿にしています。深場のミャク釣りほど竿に釣らせるようにしています。持ちきりではさすがに疲れが激しいのと、ボートで置き竿にすることが多いからです。なお、立ちこみ釣りや陸釣りの場合は細身の先調子の竿が振りやすいと思います。

第三は、竿の値段が高くても安くても自分が気に入った竿が一番だと思います。

また、店員さんなどに相談して、アドバイスをしてもらうとよいでしょう。

水切りのよい素材の道糸を使う

江戸川でハゼの数釣りに挑戦するとき、素材を問わず水切りのよい道糸

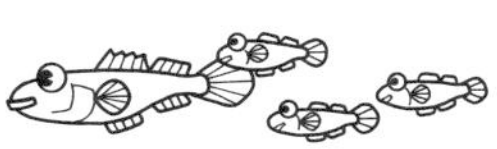

を使うように心がけています。

私の道糸はナイロンの一号で、オモリを結ぶ部分五〇センチほどのところを一・二号にしています。障害物に擦れたり、ハゼの体が絡みついても持ちがいいのです。

江戸川は潮によっては思いのほか流れが速く、短竿の場合でも糸ふけ(風や潮流のため道糸がたるむ)があります。短竿で振りこんでも着底位置が左右にずれるなどということはよくあります。

三・〇メートルの竿を使うような深さになると、一号オモリでは潮流に負けてオモリが流されます。道糸の素材を替えても同様だったので一・五号オモリにしています。また、振りこんだときの着水から着底までの時間が水深があるほど長くかかりますのでオモリを重くする必要もあるのです。

オモリが重くなるにしたがって、ハゼのアタリがあったときにオモリが引きずられて動いてしまうことが少なく、オモリ合わせとか向こう合わせといわれる釣りになります。そのぶん、竿の弾力と道糸の伸び縮みがクッションの役目をするのです。私が道糸にナイロンの一号を使っているこだわりも、そのへんにあるのです。

3

おいはぎ船長

食べられてハゼは満足

釣ったハゼは、放流するか食べるかのどちらかにしています。「殺して捨ててはいけない」というのは私一人だけの気持ちではないと思います。

そんなやさしい釣り人の悩みの一つが、釣った魚の処分方法なのです。調理しきれないハゼを前にして頭を悩ませます。ですから、家族連れで釣りを楽しむ場合には自分たちが食べる分だけ釣れれば、それで終了することが多いのです。

「釣り師」を自称している私の場合でも、そうたびたびはご近所へのおすそ分けもはばかられます。どれほどのご馳走であっても食べ飽きると思うのです。とすれば、ご近所への贈呈も好意という名の迷惑の押しつけになっているのではと心配になります。

ハゼは五~八センチの小型が一番おいしいと「通」は言います。家庭での調理は簡単です。ハゼの頭を落として内臓を出します。容器にハゼと塩を入れゴシゴシともみ、水で洗うと透きとおったまことに美しい魚体になります。それをかき揚げにします。ときには、エビや野菜を混ぜると食欲もぐーんと増すでしょう。から揚げにしてもよいのです。

一〇センチ以上の良型は天ぷらサイズになります。骨を捨ててはもったいないと思います。二度揚げすればカルシウム満点のスナック菓子に変身するからです。塩をまぶして食べるとよいでしょう。

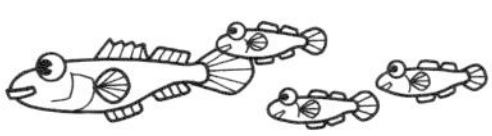

新宿のクラブのママに釣られて本望

シーズン当初、新聞に江戸川のハゼの釣果が出始めると、老舗の天ぷら屋さんが職人さんを連れてデキの一番子の小型を釣りに訪れます。釣りながらその場でさばきます。庖丁やその他の道具持参です。そのハゼは季節限定の最高級天ぷら料理に変身するのです。それを食べるお客さんはとても幸せだと思います。

新宿のあるクラブのママさんが、自分で釣ったハゼを馴染みのお客さんに出して接待したという話を聞きました。釣られたハゼも本望だったことでしょう。そのママさんとボートを並べて何度も釣ったことがありますがとても上手な方で、私が知っている限りでは江戸川を訪れた女性釣り師としては一、二の腕前でした。

江戸川放水路のいきつけの船宿

ときおり、私の釣ったハゼを食べ物屋さんの食材として紹介してくださるという真摯な助言をいただくことがあります。

気にかけていただいてありがたいことだと、そのたびに感謝していいます。

釣りの常連さんの中には、趣味で釣り上げた魚の行き先が決まっていてなんの心配もなく釣りに専念できる人もいます。また、そのような魚を楽しみに待っていてくれるお客さんも多いのです。

捨てる神あれば拾う神あり

私のハゼ釣りは道楽ではありますが「業《ごう》」ともいえます。釣り始めると止まらなくなるのです。ハゼの数釣りに挑戦したとき釣ったハゼをどうしよう、などと考えてもいませんでした。釣ることしか頭になかったのです。

そんな私の窮地を救ってくれたのが船宿でした。私が釣ったハゼを黙ってすべて引き取ってくれたのです。一日一〇〇〇尾の釣果を支えているものは船宿の好意なのです。

釣り人本人の前でハゼを数え（現認と言う）、まな板と庖丁を出してさばきます。ときにはその一部がその場で天ぷらとなり、私の夕食の一品になります。

私の道楽の対象としてのハゼは、すべて船宿のお客さんのお腹の中におさまるのです。

「捨てる神あれば拾う神あり」で世の中はうまくできています。

おいはぎ船長

テレビ朝日の番組「ビートたけしのTVタックル」に出演したことがあったのですが、そのときのトークの一部を紹介します。

(注) 放映日は二〇〇〇年一二月四日でした。「船長」とは江戸川放水路の船宿「伊藤遊船」の店主伊藤祇勝氏です。

たけしさん「それだけ釣ったハゼ、どうしてんの?」

私「船長が全部横取りするんですよ。今天ぷらにしているのも全部私が釣ったハゼです」

たけしさん「へっ、タダでまるもうけだ」

船長「ええ、おいはぎです」

たけしさん「（大声で）おいはぎ船長！」

4

潮止まり対処法

潮止まりは釣り人の方に食欲が出る

江戸川での潮の干満差は大潮のときでおおよそ二メートル、小潮で約一メートルほどです（目安の数字で若干の違いはあります）。川中の洲まで露出するような潮の引き方のときが年に何回かあるのをご存知だと思います。ボートが座礁して動けなくなった経験をした方もいるでしょう。

「さっきまで釣れていたのにパタッと食わなくなった。どうしてでしょう」

私「場所替えしましたか？」

「でも、すぐ釣れなくなるんです。潮止まりだからでしょうか?」

私「ハゼのご機嫌が斜めになりましたかね」

「潮が変わるのを待ちましょう」

おおよそこのような趣旨の会話だったと記憶しています。

先日、私がアシスタントとして取材協力したテレビクルーとの会話です。

私を含めて多くの釣り人は、ハゼの食いが悪くなった原因を潮止まりにすることが多いのです。こんなときはだいたい、釣り人の方に「食い」がたつもので、飲んだり食べたりして休憩をします。これがまたとても楽しいのです。

「あと一時間もすれば潮が変わるから」などと言葉を交わします。

ハゼに責任を押しつけて納得か

「潮止まり」は、江戸川でハゼの数釣りを楽しむ釣り人にとっては悩みの種になっています。どの船宿も、シーズン中は晩秋を除いて最長一〇時間のボート釣りが可能です。とすれば、その間に潮止まりが「上げ」と「下げ」の二回あることになります。

このような場合、手をこまねいて休憩していると時間あたりの釣果は下がります。もちろん、この時間をのんびりとすごすのも「至福の時間《とき》」で貴重ともいえます。つまり、自然の摂理にまかせ、ハゼに責任を押しつけて納得するのも悪くないと思います。

しかし、数多いハゼ釣りファンの中にはそれに納得できない方も多いのです。ですから、釣り人は新鮮なエサにつけ替えたり、新品のハリに替えたり、場所を替えたりとか、少しでもアタリを増やそうと四苦八苦するのです。それはかつて通ったわが道ですからよくわかるのです。

潮止まりで酸欠状態

江戸川のハゼの数釣り（私の場合は一日千尾釣り）に挑戦すると、潮止まり時間をいかにハイアベレージで通過するかが最大のポイントの一つになります。これは他魚の釣りの場合でも似たようなことがあると思います。

そこで、潮止まりにはどのような現象があるのか考えてみたことがあります。私流に一口で言うと江戸川では「酸欠」状態だと思っています。

ハゼはアジやサバのように回遊する魚ではありません。川底にピタッとついています。水がよどんで動かなくなれば、どれほど口をパクパクさせても息苦しいのではないでしょうか。大型ハゼほど「巨体」だから酸素消費量が大きくて息苦しいはずです。その点、小型になるほど楽なのではないでしょうか。潮止まりになると釣れるハゼは小型の方が多くなる、という現象もそれで説明できると思います。素人考えですから違っているかもしれませんが、みなさんはどう思いますか。

潮止まり対処法

数釣りに挑戦するための潮止まり対処法の第一は、潮止まり時間になったと思ったら小型のハゼを積極的に釣ればよい、ということです。釣れなくなった中型以上の良型を無理して追いかけなくてもいいと思います。発想の転換をするのです。

そのために釣行するときは必ず大中小（五、四、三・五、三号）のハリを用意するようにしています。この点は、釣りに専念するもよし、休憩するもよし、としなやかに考えることが大切だと思います。楽しみ方は千差万別であり、釣りは趣味なのですから。

第二の対処法は、目星をつけたその場所で、本来ならば五〇尾は釣れると思っているとき、一五尾ほど釣ったらやめて少し移動することです。つまり、食い気のあるハゼだけを拾い釣りする作戦です。手際よく二、三か所動いて作戦どおりに釣れれば、結果として一か所で入れ食いになったと同じことになると思います。

この方法のよいところは、潮止まりを利用して各ポイントの下見ができることです。潮が効いてきたら、それらの場所で良型の入れ食いがあるかもしれないからです。

第三の対処法は、酸欠ということであれば酸素がありそうな場所に行けばよい、ということです。その候補地は浅場の波打ち際です。

風波や航行する船の波でピシャピシャと酸素が補充されます。そのような浅場では一・八メートル竿で水深三〇～五〇センチを攻めることになります。浅場の弱点はときにより濁りが出ることです。その見極めも経験と

江戸川放水路の干潟。橋は東京湾岸道路市川大橋、
橋向うにJR京葉線橋梁が見える

技術によるでしょう。

最後に、これは説明のしようがないことなのですが、潮止まり時間なのにそれに関係なく釣れる場所がある、ということです。ハゼにとって、それほどに「居心地のよい場所」ということになります。

常連のハゼ釣り師の方々はそれぞれにそのような秘密の場所を持っていて、各船宿の竿頭《さおがしら》になっているのだと思います。

以上四つの対処法は私の経験か

らのものですが、今までのところ満足できる釣果になっていると思います。

（注）私がアシスタントとして取材協力したテレビ番組はテレビ東京「ザ・フィッシング」で、二〇〇四年八月二八日に放映されました。

5 勘は技術である

勘がいいとは釣り師へのほめ言葉

江戸川のボートのハゼ釣りのとき、場所替えをして「アタリ」の場所が見つかるとうれしいものです。つまり、釣れるポイントにめぐり合えたということです。そんなとき「勘がいいね」と言うことがあります。

ときには、周辺のボートのお客さんが「ハゼが見えているようだ」と声をかけてくれます。水が濁っていますからハゼは見えませんが、なんとなくいるような気がする、ということはあります。不思議な感じ、というも

のです。でもはっきり言えることは、初めからそのような経験をしたのではない、ということです。

釣り師に「勘がいい」と言えばほめ言葉ですが、腕のよいお医者さんのことを「見立てがいい」と言います。勘がいいとは決して言いません。見立てがいいのには確かな技術と知識の裏づけがあると思うのです。それは釣り師にも言えることなのではないでしょうか。

勘は、直感・第六感、考えること、つき合わせて調べること、と辞書にあります。一般的には、その人の特殊能力、あるいは持って生まれた「天賦の才能」のように思われていることが多いと思います。

しかし、私は「勘は技術である」、技術であれば磨くことができると思っています。

まぐれあたりを勘がいいとは言わない

長年ハゼのボート釣りをしていても、場所替えをするときは勇気がいるものです。そこそこに釣れている場所を離れる決意をするときはなおさらなのです。次に移る予定のポイントに誰かが釣りに入ってしまったらどうしようなどと、余計な心配をしてしまうこともあります。ポイントをよく知っている釣り人ほどそう思うのでしょう。

それでも「エイッ」と移動します。移動先で「しまった」と思ったことだって過去にはずいぶんとありました。ボート釣りを始めた頃は、移動先のポイントについての知識や実績が少なかったのですから、空元気の気合だけで、見当もつけずむやみに動いていたのが実状でした。

そういうときでも、他のボートが集まっているから釣れているのだろう、とかそれなりの目安がありましたがそれ以上のものではありませんでした。

それでも、ときにはよい場所にめぐり合えることだってあります。

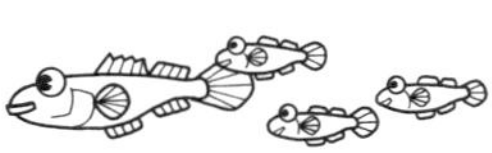

それを私は「まぐれあたり」と思い「勘がよかった」などとは一度も思いませんでした。あえていえば「運がよかった」ということでしょうか。

大釣り狙いか型狙いかで作戦が異なる

最近では、釣り場選定の「はずれ」が大分少なくなりました。江戸川の様子が以前よりわかってきたからだと思います。このことは別項でもお話しします。

釣行前日に潮回りを確認し、作戦を立てます。夜七時前の天気情報も欠かせません。そして、朝一番はここで竿を出す、もしも不調であればあそこへ移る、干潮時間はあの澪筋《みおすじ》の斜面で釣る、長竿を使う時間はあの場所とこの場所、日中に酷暑だったらこの水深のポイントで、風が強いときはあそこの桟橋群の陰に入る、ここ数日の天候はこうだったからあそこを攻

上流域の桟橋群と船宿。強風の場合、隠れ場所になることがある

めても面白い——などと作戦を立てます。

ボートに乗って出船する前には、必ず船宿で情報を仕入れます。前日までの一番確かな情報です。ときにはその日の水温まで聞くことができます。そのようにして自分の考えとどのような部分が一致するのか、一致していないのか確かめるのです。竿を振り出す直前まで作戦変更が可能になります。

江戸川のハゼ釣りの作戦を立てるときに大切な目安が一つあります。

それは、大釣りを目指すのか、型狙いに徹するのかということです。このあたりをあいまいにすると、どっちつかずの不完全燃焼となります。

大釣り狙いでは、総数三～五束以上で、大中小のハゼの混じり、大型は一パーセント、中型と小型で残り半々という比率です。型狙いでは総数が一束以内と少なくなりますが、大型が三〇パーセント、中型と小型が残り半々くらいです。大釣り狙いは一～二メートルと比較的浅い場所で、エサはタラシを少なくし、型狙いでは二～三メートルとやや深い泥地や障害物、杭、船の係留場所などで、エサのタラシを一～二センチほど出して大きくつけるのがいいでしょう。なお、大中小の比率は季節によって変動があります。

ハゼの行き先わからず立ち往生

ハゼとのつき合いが長くなるほど、ハゼの行動には人知の及ばぬものがあると思うようになりました。

たとえば、ある夜、いっせいにいなくなることがあります。昨日釣れた場所へ行くと今日はほとんどいない、ということにしばしばでくわしました。それでもまったく釣れないわけではありません。主力部隊がいない、という状態です。残っているのは寝ぼけて行きそこなったハゼだけです。

船宿の案内で、昨日はとてもよく釣れたという場所で釣ってみたら少しも釣れない、ということはみなさんも体験ずみだと思います。

そのことに気がついたとき私はすばやくハゼを追いかけます。追いかけるにも基準があり、私なりのデータも増えました。一般的には、移動した原因が水温の変化、赤潮、青潮などの水質、エサを食べつくした、などがあります。具体的には、深場か浅場か、泥地か砂地か、どこの斜面か、川中の瀬か斜面か、などとなります。

場所替えをしたそのポイントにハゼがいたときの安堵感と満足感は、言葉に表せないほどです。逆に、呆然となり立ち往生した経験もあります。川を見渡してどこへ行ったらよいのかわからなくなってしまったこともずいぶんとありました。

立ち往生するような未熟な釣歴の私でも、運よくハゼの移動先にめぐり合うこともありました。それを単にラッキーだ、としておかないで手帳に書きとめておきました。そのデータが次の釣行に役に立ってきたのです。

勘は技術、磨くことができる

釣り名人は新品のハリでさえ研ぐと言います。私はそこまでしませんが釣り場でひんぱんにハリを取り替えます。ハリを替えると釣れ具合がよくなることが多いのです。

切れのよいハリだと、ハゼがエサを吸いこんだとき抵抗なくハリ先が口に刺さります。ハリの切れが悪いと刺さりが悪く、ハゼが違和感を感じて暴れるのでアタリが大きく出るのだろうと思います。それが釣果の差になって表れます。

私が研ぎすましたいと思っているものはセンスです。センスを勘といってもいいのです。それを人は天賦の才能というかもしれませんが、私は勘は技術だと思っています。

驚異のハゼ釣り仕掛け

江戸時代からあったミャク釣り仕掛け

『釣客伝』という江戸時代に書かれた釣りの本に、「釣り人を馬鹿としそれを見るを大破家とする」とあります。また「いまや万民太平の化に浴し実にありがたき御時なり、僕釣に遊ぶ」とも書かれています。現代の釣り人もまさにそのようだと思います。

江戸の旦那衆の数ある道楽の中に三大道楽として、園芸道楽、釣り道楽、文芸道楽がありました。釣り道楽はキス釣り、フナ釣り、ハゼ釣りと大いに愛好されたのですが、庶民にまでは十分に普及していなかったようです。しかし、財と地位のある階層の人々にとっては道楽といえるようになっていました。

『釣客伝』の中に「脈釣ともいう」と注釈がついて、私が現在ハゼのミャク釣りに愛用している胴突き仕掛けの原型が、さし絵として載っています。その仕掛けはマブナのヅキ釣り（小突き釣り――オモリで底を小刻みに叩きながら釣る）やコイ釣りにも使われていました。

通称「三センチ」の仕掛けが登場

昭和の後半になって出版されたある釣り仕掛けの本の「ハゼ釣り」の項に、『釣客伝』の仕掛けを現代風に描き直した胴突き仕掛けが掲載されています。ハリスの長さが七～一〇センチほどの大ぶりの仕掛けです。

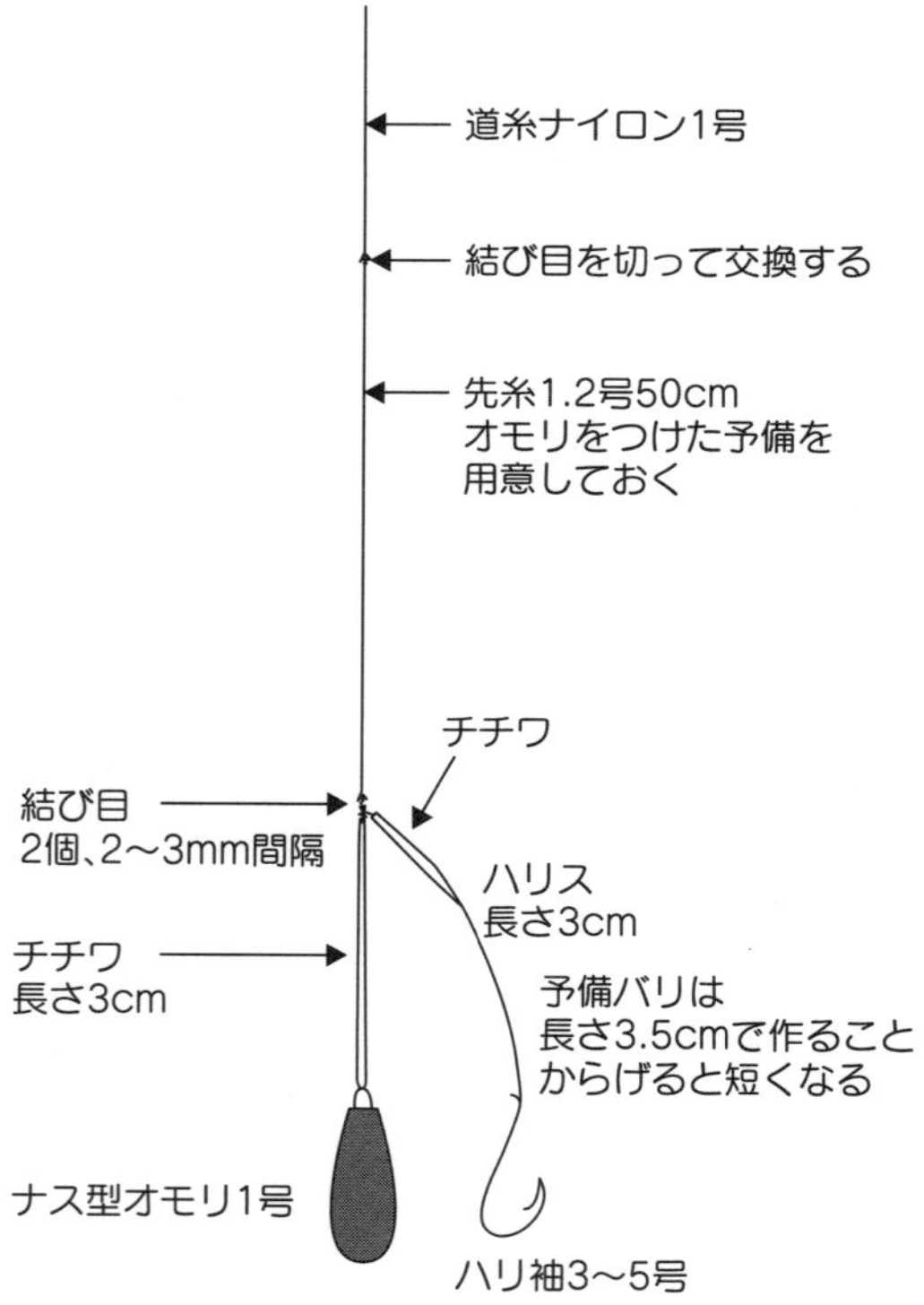

作図 鈴木和明

3センチの胴突き仕掛け(自製)

その著者の「弟子」の一人がその仕掛けに改良を加えました。ハリスの長さは何センチにしたら一番アタリがとりやすいのか、ずいぶんテストをしたそうです。

その結果できあがったのが「三センチ」の仕掛けです。作り方は、①ナス型オモリ一号の道糸の結び目から上に三センチのところに結び目を二個作ります　②そこにハリスの長さが三センチになるようにハリスを結びます　③するとハリはオモリの胴にピタリと張りつくバランスになります。

ハリスは三センチが絶妙の長さです。それよりも長くなるにしたがって感度が徐々に鈍ります。つまり、ハゼがエサをくわえたタイミングがわかりにくくなっていきます。

ハゼのアタリの妙味「軟着陸」の技術は、「三センチ」の仕掛けとセットになっています。私はその仕掛けを二つのパーツに作り分けます。オモリに道糸を五〇センチほどつけたものと、三センチよりも少し長くハリスを

チチワ（糸の先に輪を作ったもの）に結んだ替バリです。

釣り場で仕掛け交換に手間取ると、あわててしまいます。釣れている時間はなおさらです。釣果は段取りの善し悪しにも左右されると思っています。

この三センチの仕掛けは、私の江戸川でのハゼ釣り道楽の「道具」なのです。『釣客伝』のいう「釣り馬鹿」なのでしょう。

現在ではこの仕掛けは、ハゼ釣り師に普及してたくさんの「亜流」の仕掛けが手作りされ愛用されているのです。

商品になった江戸時代の仕掛け

ある年のこと、船宿の親方が手作りの私の仕掛けを参考にして「商品」開発をしたいと言いました。

メーカーに試作品を何度も作ってもらい、ようやくできあがりました。「商品」だから買ってくれる人の目を引くように色を塗り、付属品がつき、まことにカラフルな仕掛けができあがりました。
「商品」を手にしたとき「これなら、まず釣り人が先に宿に釣られてしまう」と思ったものです。ハリスの長さは八センチあり、糸が太く、絡みとヨレ防止に極細のパイプがつき、ハリスと道糸の接点にはヨリモドシ（糸のヨリ防止をする接続金具）があり、一・五号の蛍光オモリつきで、さらに一メートルの道糸もついていて、いたれりつくせりの初心者用仕掛けです。

江戸川、伊藤遊船特注仕掛け
（24頁に図あり）

　この商品は私の手作り仕掛けとは似て非なるもので、普及した「亜流」のものとも異なり、丈夫さとその大ぶりさからいえば江戸時代の本に描かれていたものに似ています。しかし、原理は胴突き仕掛けですからハゼのアタリがビンビンと竿先に出て、釣り人にはたいへん好評です。

人間業と神業

私は、ハゼ釣りシーズン中は週に一回のペースで江戸川でハゼを釣ります。川とハゼは常に変化しているけれど、釣行ペースを守ってさえいればついていける、と思っているからです。間をあけると人間の方の感度が鈍ると思っています。

そんな私のことを釣り場で知り合った人は、「名人」「達人」などと呼んでくれることがあります。面映いけれどうれしいことでもあります。

しかし、名人・達人の釣り技は「人間業」なのではないかと思うのです。

世の中には「神業」というものがあるのではないでしょうか。神業を駆使する人は名人・達人のように人前で決して技を見せるようなことはしないのです。

私に三センチの仕掛けや釣り技を手を添えて直伝してくれた師匠は、その仕掛けの考案者でもあるのです。私は伝授された技をマスターしたくて、ただひたすらハゼを釣り歩いたにすぎません。

師匠はいまだに私の及ばないところにあり、その師匠のことを名人・達人と呼ぶことはとても失礼なことだと自戒しているのです。名人・達人の技は単に人間業にすぎないと思うからです。

（注）三センチの仕掛けの考案者は東京都葛飾区在住の塙實氏です。ハゼ釣り用の胴突き仕掛けを商品化したのは江戸川放水路の船宿伊藤遊船の店主伊藤祇勝氏です。

7 千尾釣り釣法

長竿より短竿にチャンスがある

江戸川のハゼ釣りの快感に魅せられて、十数年間通い続けてきました。今では家族からも「釣り馬鹿」の称号を授かり、「顔がハゼに似てきた」とひやかされています。

夏ハゼのミャク釣りの一番の醍醐味は、竿先に表れないアタリを感知して釣り上げることにあります。その割合が高いほど満足度は高くなります。

夏ハゼの千尾釣りに使う竿は主に一・八、二・一、二・四メートルの長さの竿です。二・七、三・〇、三・六メートル竿での千尾釣りは、過去一六年間に三回の記録のみです。長竿でのチャンスがいかに少ないか、また、川底の変化の微妙さを示していると思います。次の年、同じ時期に、同じ場所で釣れる確率が浅場よりも低いと感じています。

1999年6月21日の釣果1063尾
（船宿伊藤遊船の現認）

また、オモリの着底までの時間が長いのでアタリの頻度とハリ掛かりの確率を高める必要もあるのですがこれが意外と難問なのです。わず

かに一〇〇〇尾に届かなかったこともずいぶんあります。

　同じ竿を使っていても、干潮時間と満潮時間ではポイントが少しずつ違ってきます。川底が砂地から泥地になるとか、斜面があって急に深くなっているなどいろいろです。特に江戸川における干潮時間はチャンスでもあります。なぜかというと干潟ができてハゼの行き場が少なくなり、水が多いときよりもハゼが密集した状態になるからです。ですから、干潮時間をハイアベレージで通過できれば千尾釣りのチャンスがあります。

軟着陸に神経を集中する

　三センチの仕掛けは、軟着陸の技術とセットになることにより大きな力を発揮します。まず、空バリで真下へ仕掛けを落として水深を確かめます。これを「タチ（水深）をとる」と言います。次に、前方へ竿いっぱいに振りこみます（これは基本であり前後左右どの方向でもよい）。

タチをとりましたので水面から竿先までの高さがわかっているので、竿の真下にオモリを着底させるのか、それとも道糸が多少斜めになってもいいので、離れた場所に着底させるのかをこのときに決めておきます。

このようにして、水面からの竿先の高さを決めた位置にあらかじめ竿先を持っていってピタリと固定して待ちます。この場合、竿先を固定せず、落下していくオモリと同時に竿先を下げていく方法は、着底のときのアタリがとてもとりにくいのです。

振りこんだオモリが水面に着水すると高さを固定した竿先を基点として、放物線を描いて仕掛けは落ちていきます（水中遊泳）。この場合、水面からの竿先の高さを加減するだけで着底位置、着底の角度を瞬時に調節することができます。

ハゼの活性が高いときはオモリの着底までのわずか二、三秒の間にアタ

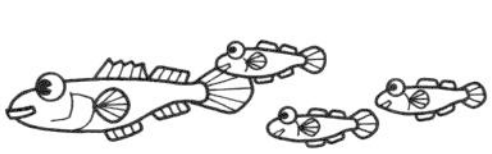

りがあります。これは、ハゼが川底から泳ぎ上がってエサを追っているからです。このようなときはハリ掛かりしたハゼを抜き上げていると、そのハゼの口からはみ出したエサを追って、別のハゼが水面近くまでついてくることでも証明されます。

水中遊泳が終わり、オモリが川底に着く瞬間は、ドシンという感じでなく、スッという感触の軟着陸がベストです。短竿では一号オモリが最適で、長竿には一・五号オモリを使います。

ハゼのアタリはオモリが着底した瞬間に竿尻を握る手の平にコツとか、ムズッとか、チクッとか、釣り人によって表現は違いますがなんらかの感触が伝わってきます。

これはハゼがエサを口にくわえた瞬間のアタリ（これをあえて「前アタリ」と言う。竿先がまったく動かない）です。

このアタリを出すこと、その感触を得ることに全神経を集中します。この場合、青イソメのタラシが短いほど「いい感じの前アタリ」が出ます。そして竿を握る手の平は必ず竿尻を柔らかく握り、竿尻を包みこむようにします。極端な言い方をすれば、手の平で竿をブラブラとぶら下げているような感じでいいのです。力はいっさい必要ありません。肩の力を抜きましょう。強く握るほどアタリを逃します。

前アタリを感じたらすかさず竿を立てます。するとハリがハゼの唇にかかっています。

軟着陸でアタリが出なかったときの対処法

軟着陸は成功したのにアタリが出ないで、さらに一、二秒待ってもアタリがないときは、竿を上げてもう一度振りこみます。仕掛けがまったく同一場所に落ちることはありません（そのようなコントロールは川底が見え

ているときしかできない）ので、ハゼさえいればアタリが出ます。面倒に思えますが実はこれが一番効果があるのです。

再振りこみをしないで軟着陸させた場所で「誘い」をかけることもあります。「コヅキ」または「引き」です。

コヅキは、一号オモリを横にしたり縦にしたりするような気持ちで静かに小さく小突きます。大きなアクションは必要ありません。大切なことは、エサに微妙な震動を与えればそれでよいのです。

小突いているときハゼがエサを口にくわえた感触を見落とすことがあります。そんなときはハゼの重みで小突けなくなってしまうのです。根掛かり（仕掛けが根や川底の障害物にひっかかる）したと思ったらそうではなくいきなりハゼが絞めこんだ、ということになります。また、小突きっきりでもいけません。「待ち」の時間をはさみましょう。

引きは、前後左右可能な方向にズルッという感じでオモリを一、二センチゆっくりと移動させます。途中でハゼがエサをくわえてしまい、オモリの移動が止まってしまうことがあります。大きく場所を移したいときは川底から二～四センチほどオモリを上げ、そのまま三〇センチほど水中遊泳させ軟着陸させ、それを繰り返します。ハゼの食欲をそそるには十分なアクションだと思います。

二本竿釣法とその限界

コヅキや引きなどの誘いはハゼの食欲をそそるための有力な手段ですが、一日一〇〇〇尾を目指すときには、それを頻繁に繰り返していてはとても一〇〇〇尾に届きません。

一本竿の場合は特に軟着陸を駆使することがとても大切です。とはいえ時季により、年により、日並によって単位面積あたりのハゼの数が違いま

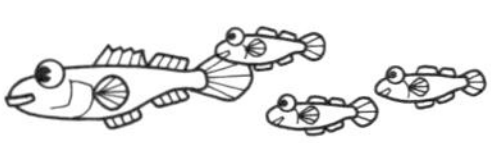

すので思うようにいかないこともあります。この自然の条件はどうしようもないものです。

このようなときは、どんなに一生懸命に釣っても目標に届かないことになります。一本竿でのそのようなペースを自覚したとき、二本竿に替えてよい結果になることもあります。二本竿は一本竿に比べて経験的には釣果が五割増になるようです。

二本竿での釣りも両手に竿を持ち、誘いをかけて釣る時間が多いと釣果が伸びません。そういうときはポイントの問題ですので、ハゼの多い場所を探すことになります。そここの魚影のときは、竿二本は一本の倍ですからアタリが出る確率も倍になったと考えます。振りこみは軟着陸の技術を使います。

二本竿のどちらか一本の竿にハゼが釣れたとき、別の竿は必ず膝の上に置き竿にします。アタリがあれば膝に響きます。また、投入準備中に竿先にアタリが出ているのが見えます。
千尾釣りは長時間（最低八時間）の釣りになります。ですから「千尾釣りはリズムである」と私は表現しています。ですから、置き竿にアタリがあってもそのままにしておきます。食い逃げされたら喜ぶべきでしょう。竿を上げてその場所へ再投入すれば、一発で釣れる確率がとても高いのです。

私の一本竿での最高釣果は、一九九六年六月二三日の一九五九尾です。これは江戸川放水路の記録でもあります。二〇〇三年六月二九日の一六七三尾は二本竿であり、それが二本竿の釣果の上限に近いと思っています。置き竿にした場合はハリを飲みこまれることがあり、一本竿の場合よりも手返し時間が少し長くなるからです。条件さえそろえば一本竿の方が効率がよいのです。

8

ハゼ釣り二刀流

しんぼう強い女性ハゼ釣り師

江戸川に和竿二本を操る女性「釣り師」がときおり姿を見せます。最近は女性の釣りファンが増えたのですが「釣り師」といえる風情の女性はめずらしいと思います。しかも、その和竿はその人の手作りだと聞いてまたびっくり。その人とはポイント情報を交換したこともあります。

その女性は大型狙い専門なのですが、しんぼう強さには頭が下がります。きっと、ハゼがエサとにらめっこをしていて根負けして、エサに食いついてしまうのかも知れません。

捨て難いハゼのウキ釣り

私が江戸川のハゼ釣りを本格的に始めたのは一九八八年で、その年は数釣りに挑戦する前の年でした。会社の釣クラブに所属しているときに買った二・一メートルの中通しの和竿と三・九メートルのカーボン製の振り出し竿（太い部分から細い部分が出し入れできる竿。短くなるので携帯に便利）を使いました。

ミャク釣りは和竿を使いました。中通しのオモリを誘導式にして、ハリスは五センチほどにしていました。振り出し竿はシモリウキ（ラグビーボール型や丸型の中通しウキ。沈る〈しもる〉ウキ）をつけて流す感じで釣りました。ウキ釣り（ウキを使った釣り方の総称。水面から一定の深さ

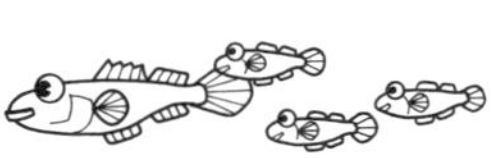

や底層の魚を狙う）は味がありなかなかに捨て難い釣法だと思います。

この釣りは、川底を仕掛けが移動する速度調節にコツがあると思います。流れがゆるやかなときに、七か所ほどつけた小型の玉ウキの上部三個を水面に出して、流れに押されてそのうちの一個がゆっくりと水面へ隠れる程度のオモリ調節にします。残りの二個はオモリに勝って沈まないようにします。上の二個はやや大きい玉ウキにします。

仕掛けの移動は、たとえば水面についている道糸が潮の流れや風などに押されたときに、ウキがズルッと少しずれるくらいがいいのです。ハゼのウキ釣りでは「待ち」の時間が必要です。ズルズルと動きすぎるようでは、ハゼが食いつく暇がありません。

ハリスは一〇センチほどにしていました。アタリは消しこみ（ウキが一気に水中に引きこまれるアタリ）、食い上げ（エサに魚が食いつき上に浮く）、移動中のウキが急に止まってしまう、などとはっきりと出ます。

江戸川でのウキ釣りは、水深が二メートルを超すような深さになると苦戦することが多いのですが、浅場では広範囲を探れるのでとても役に立ちました。

ボート周辺はミャク釣り、少し離れたところはウキ釣りで、という作戦でいいときには五〇〇尾は釣りました。

押しかけ師匠の弟子になる

人との出会いはさまざまだとつくづく思います。江戸川のハゼ釣りをミャク釣りとウキ釣りの二刀流で始めた年の秋のことでした。

突然、見も知らない人から「ハゼ釣りを教える」と言われ、仕掛けを渡されました。それが「三センチ」の仕掛けでした。そして、この釣りは竿が大事だからと言い、自分が使っていた竿を四本も私にくれたのでした。

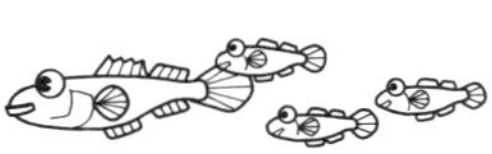

その人は私を川へ連れて行き、エサつけ、振りこみ、着底、アタリ、アワセ、取りこみの方法を教えてくれました。

こうして私はその人の「弟子」になりました。「弟子にされた」と言った方がいいのでしょうか。普通は「弟子にしてほしい」と頼みこむのが一般的だと思います。そのときのことを思い出すたびに、「自分の師匠は押しかけ師匠だったな」と一人笑いするのです。

思いきって新釣法の技術習得に挑戦

そして、私の挑戦が始まりました。そのときに、それまでの身についた釣法とタックル（釣る魚に合わせた竿、仕掛けなど）を「捨てる」ことにしました。精神的に「切る」のです。そこで躊躇したり、それまでの技術にこだわって切り替えを中途半端にしていたら今の到達点はなかったと思います。

胴突き仕掛けでのハゼ釣りは初めての経験でした。何よりも教えられた技に魅せられ、未知の空間が開かれたのでした。

翌一九八九年から、まず一本竿での水中遊泳と軟着陸の訓練を始めました。技術習得には絶対欠かせないと自己目標を立てました。一日で一〇〇〇尾を釣ること、ワンシーズンで一万尾を釣ること、ミャク釣りの一回平均五〇〇尾を釣ろうと思いました。

水中遊泳と軟着陸の応用と実用は千差万別です。十人十色の軟着陸ができあがると思います。今ふと思うことは、たったの一メートルから三メートルの空間にすぎない水中に、広大な宇宙があると感じられることです。そこに、ハゼという生きものがいてそれを追う釣り師がいるのです。

一本竿から始めて何年かのちに二本竿の練習に移りました。二本ともミャク釣りでした。二本竿の釣りは一本竿の技術が基本になっていました。

右ききの私は、左手で釣ったハゼをハリからはずすために竿を右手に持ち替えます。その瞬間の動作がどうしても「見えない」と周囲の人は言います。いつのまにか右手に竿が移っているからです。それは習い性です。場数を踏むうちに身についた技術です。

ハゼ釣りの副産物

本格的にハゼ釣りに挑戦し始めた頃から、なぜか何かを「捨てる」ことができるようになりました。これはハゼ釣りの「副産物」だと考えています。旧来のハゼ釣りから転換したときが転機だったと思われます。肩から力が抜けました。「名誉」「見栄」「外聞」「地位」などは、釣技上達の原動力になることも多いのですが、逆に阻害要因にもなるのではないでしょうか。

そんなわけで、今でも心の中にたまるそのようなものをせっせと捨てています。それも習い性になったようです。

私が「捨てる」ことをやめたとき、それは私が「釣り師」でなくなるときなのだろうと思っています。

9 リール竿と釣り方

形にとらわれず自由に釣る

ハゼのリール釣りはたくさんのファンがいます。堤防、岸壁、ボート釣りなど釣り趣満載というところです。

ハゼは秋の釣りだと言って夏ハゼを釣らない釣り人がいます。かと思うとハゼのリール釣りはやらない、と言う人もいます。また、夏ハゼはミヤク釣りで釣りたい、と言ってリールを持たない人もいます。

釣り方は十人十色で好みの問題ですから、どのように釣ってもいいのではないかと思っています。趣味は心の栄養ですから形にとらわれないで自由に釣るのが一番いいのです。

ボートのリール釣りの場合でも、手に持って引いて（さびいて）釣る方法が得意な釣り人も多いのです。「いいアタリがした」と言ってニッコリするのです。

好みとこだわりは様々ですから、どれがよいとはなかなか一概には言えません。

硬調竿か軟調竿かは釣法にもよる

ボートのリール釣りに使う竿はオモリ負荷一～五号や五～一〇号などの軟調の竿がよいでしょう。江戸川の水深二、三メートルではオモリ五、六号、河口の水深七～一二メートルではオモリ一二～一五号を使うので、そのオモリにかなり負け気味の竿でよいのです。目安としては「棒のような硬い竿」でないほうがよいのではないでしょうか。これも好みと使い勝手ですからそれぞれでよいと思います。

以上はこれまでの置き竿釣法の実績から記したのであり、要はアタリをどのように取るかという釣法にも関連しますので、硬い竿がよいとか、軟らかくなくてはいけない、など一概には結論できません。引き釣り（仕掛けを投入後、食い気を誘ったり、魚の居所を探りながら釣る）でアタリをとることに無上の喜びを感じるファンも多いのですから。

目安としては、手に持って引いて（誘って）釣る人はやや硬めの竿を好む傾向があり、置き竿にして釣る人は軟調の竿を選ぶことが多いということです。

それは、引き釣りはアタリをとって釣り、置き竿はエサを食わせて（ハリを飲ませて）釣るからです。竿に釣らせる度合の問題です。その場合、引き釣りの青イソメエサは一、二センチと短めにつけ、置き竿の釣りは二、三センチと長めにつけます。河口の深場の釣りではそれぞれ一センチほど長くします。

置き竿釣法で五〇〇尾に挑戦

私が江戸川のハゼのボート釣りを始めた頃は、竿二本で引き釣りをしていました。

ある日、リール釣りで一日に五〇〇尾を釣ってみようと思いたちました。挑戦したら何か心に得るものがあるかも知れないと思ったのです。やってみなければわかりませんし、道楽でやっている釣りだから気ままにやろうとしたのです。

そのチャレンジのときに置き竿釣法に替え、サオ数を五本に増やしまし

た。「自分にはそんなたくさんは扱えない」と言う方もいます。でも、置き竿にして釣るのであれば二本でも三本でも釣り方は同じなのです。

勘違いする方が多いのですが、置き竿の釣りでも引いて（誘って）釣るのです。竿を持ちきりにしていないだけです。

引き釣りでは竿一本で一日一〇〇尾（水深二、三メートル、九月中旬から一一月初旬）が目安ではないでしょうか。二本を上手に引いたとしても二〇〇尾には届きません。それに厳密に言えば、二本使うときには、一本を取り込んでいる場合は他の一本は置いている状態になるので、置き竿釣法に近いと思います。

投げて着底の瞬間を大事にする

リール釣りで釣果が伸びない理由を考えてみますと、その一つにハゼの釣れるポイントを探りあてるのに手間取るということがありました。

そのため、ボートの周囲にぐるりと三六〇度竿を出してみました。場所によっては片面だけで扇状のこともあります。これは「さぐり（魚のいそうなポイントを探す）」の時間短縮のためです。竿五本という意味はここにあるのです。釣れた場所を集中して攻めればよいのですから。

まず、ボートの上で振りかぶって投げます。オモリが水面に落ちる瞬間に糸を押さえます。すると、仕掛けはオモリの前方に投げ出された形になりカラミが防げます。そしてそのまま着底を待ちます（ただし、深場では手前にオモリが寄ってしまうので糸を出します）。着底の瞬間は道糸を見ていてわかりますし、トンとオモリが落ちた感触が手に伝わってきます。

着底がわかったらすぐに糸ふけをとると同時に、オモリをズルズルと仕掛けの長さ分だけ引きます。この作業は、オモリの上に仕掛けがかたまってしまわないようにするためです。また、このことが一回目の誘いにもな

るのです。この瞬間がもっとも大切で、ハゼがいればこのときにアタリがありますが食わせておきましょう。

誘って二尾掛けを狙う

五本の竿を出し終えたら、一本目を手にとって仕掛けの長さの倍ほどを引いてみます。これを「聞きアワセ」と言います。ハゼが釣れていれば竿先がグッと前方へ曲がります。また、重みも感じられるでしょう。このときがとてもうれしいのです。作戦成功というところです。

ハゼを取りこんでエサの点検をしてから、釣れた場所を狙ってその少し先へ投げて置き竿にします。

釣れていないと判断したら、仕掛けの倍ほどの長さをゆっくりと誘って置き竿にします。このときアタリがあっても合わせないで、二尾掛けを狙いましょう。

仕掛けが船下までできた場合や初めから船下へ投入したときは、まずコツコツと小突いてハゼを誘ってから、置き竿にしてときどき繰り返します。ハゼがいれば竿先をブルブルとふるわせるでしょう。

浅場と深場の仕掛け

九月中旬から一一月初旬の江戸川の水深二、三メートルでの釣りでは、仕掛け全長一メートル、ハリ袖五号の二、三本バリ仕掛け（蛍光玉・ビーズ玉はなくてもよい）、オモリ五、六号、中型テンビンを使用、エサの長さ二、三センチ。

一一月から一二月の江戸川河口の水深七～一二メートルの深場では、仕掛け全長一・三～一・五メートル、ハリ袖七号の二、三本バリ仕掛け（蛍

光玉・ビーズ玉はなくてもよい）、オモリ一二～一五号、大型テンビン使用、エサの長さ三～五センチ。

江戸川での一〇月のリール釣りの自己記録は二〇〇三年一〇月一七日の六二三尾、一一月のケタハゼ釣りでは二〇〇四年一一月三日の四四七尾が自己記録でした。一〇月は一日三〇〇尾、一一月は一日一〇〇尾というのが私の例年の目標です。目標を設定してのこのような釣り方もあるということをお話ししたわけです。

このような置き竿釣法のことを「ハリネズミ釣法」（九五頁参照）と名づけました。熊手で川を引っかいて釣る、と表現する人もいます。このような釣り方は現在ではカレイ釣りに応用されています。

ハリネズミ釣法

竿五本以上を使ってみる

ボートでのハゼ釣りの置き竿釣りを「ハリネズミ釣法」と名づけました。この釣りの特徴は、少なくとも竿を五本以上使用することにあります。ボートから竿先がツンツンと出ている様子をハリネズミと形容したのです。

もちろん、この釣法は竿が二本でも三本でも応用できるものです。慣れてくればゆったりと扱えることでしょう。ある程度の竿数をスムーズに扱うのも技術だと思います。

聞きアワセのローテーションを守る

江戸川のハゼのボート釣りで「置き竿」といっても、ただ投げて置いておくだけの釣法ではありません。絶えず「誘い」をかけ続けるところが特徴です。

リール竿とその扱い方は「リール竿と釣り方」（八六頁）で記しましたので、それを前提に話を進めます。

ハリネズミ釣法で、ある一本の竿にハゼが釣れているかどうかの確認作業（聞きアワセ）の間隔はおよそ五分が目安です。ハゼがエサを食べてハリにかかる時間が五分ということです。

もちろん、数ある竿の中にはハゼが釣れているものがありますから、それを取り込んだりしていて実際の時間は五分より長いこともあります。

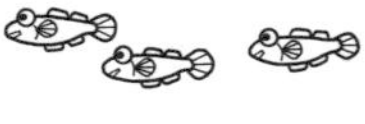

大切なことは使っている竿数が何本であっても、一回りのローテーションを作ることです。

ですから、一度確かめてから次の聞きアワセまでの時間内にローテーションを崩すような確認の仕方はしないのです。別の言い方をすると、次の聞きアワセまでの中間に釣り人が順番を無視して、竿を握って「誘い」をかけることはしないということです。

置き竿はボートに釣らせる

釣り人が誘いをかけるのでないということは、何がそれをするのでしょうか。それはボートが誘ってくれるのです。

ボートは潮流、風向き、航行する船の波、釣り人のボートでの座る位置の変化などによりアンカーを基点にして扇形に動きます。これはどうしよ

ハリネズミ釣法竿配置図

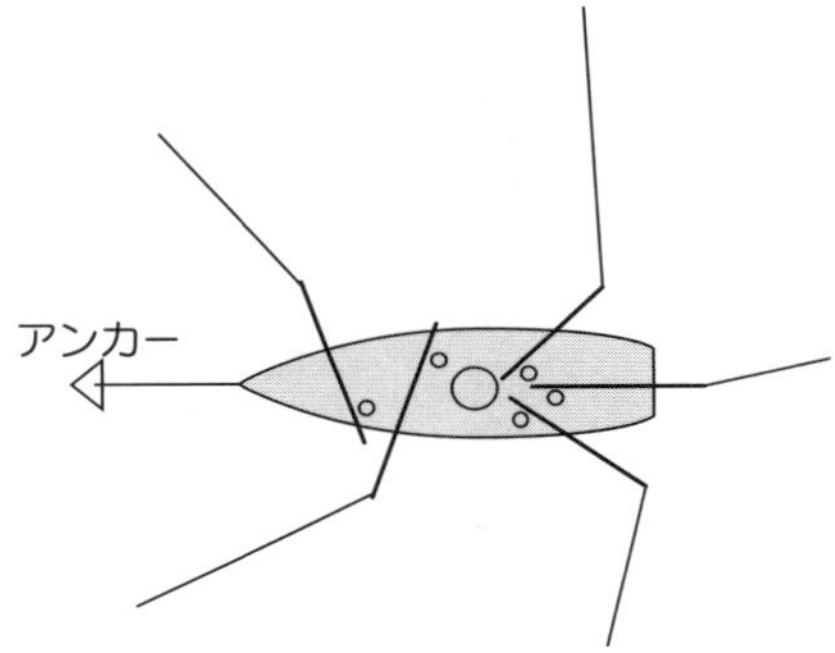

各竿の聞きアワセのローテーションを守る
各竿の探る範囲を決める
釣れてるポイントへ竿を集める

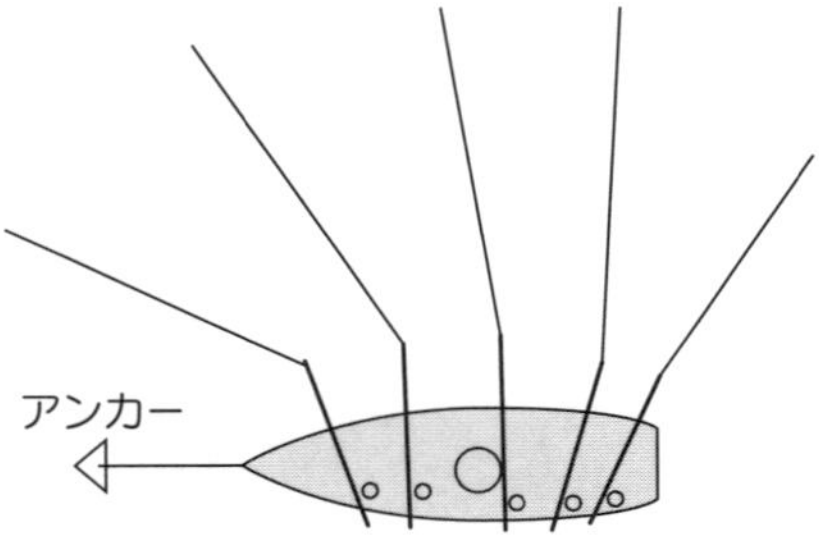

釣れ具合により、竿の位置は片舷
だったり両舷だったり変化する

作図　鈴木和明

うもないものです。そうであるならばその動きを積極的に利用するといいのです。

まず、投げたり、聞きアワセをしたりして竿をボートに置くとき、「道糸のたるませ具合」を調節します。現在のボートの位置から、どの方向にどの程度の距離をボートが動きそうなのかを予測します。道糸のたるませ具合によって道糸がピンと張ったときに、仕掛けの移動する距離が予測できるのです。

誘いは潮の流れも利用することができます。潮流の速いとき、糸ふけを利用して川底を仕掛けが少しずつ移動するようにします。場合によってはオモリを六号から五号に替えるなどすることもあります。つまり軽くするのです。オモリを重くするだけがハゼのリール釣りではありません。ハゼがエサをくわえたときに、糸ふけがとまると考えればいいのです。

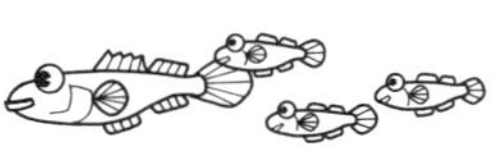

置き竿では必ずダブルを狙う

ボートの動き、潮流による糸ふけなどによる誘いに反応してハゼのアタリがあったときは、基本的にはそのままにしておいて何もせずダブルを狙います。道糸を少し出してたるませるくらいの余裕がほしいと思います。その理由は、次の投入で同じ場所には絶対に仕掛けを落とすことができない、と思わなくてはいけないと考えているからです。そのようなコントロールはなかなか難しいものです。

置き竿の釣りは食わせ釣りが基本であり、ハリを飲ませて釣るようにします。ハゼが安心して咽喉の奥までハリとエサを飲み込んでしまうようにすることです。

置き竿でのエサづけは、タラシを出します（「リール竿と釣り方」八六頁参照）。

また、二、三本バリ仕掛けを使うときは、そのうちの一本に捨ててしまうようなクズエサなどを団子のようにたくさんつけて投入することも大切です。ハゼが散らないように寄せエサの役目をしてくれるし、ハゼは残りの他のハリにかかればいいのですから。

投入時に必ずオモリの着底時間を測る

ハリネズミ釣法の特徴の一つは「さぐり」の時間短縮にありますから、ハゼの釣れる距離と方角がわかったら、積極的に竿を寄せてその周辺を攻めます。攻めるポイントが多いほど釣果がよくなります。

江戸川の船宿はリール釣りポイントまで案内してくれたり、釣り場を教えてくれたりします。ところが、大部分の釣り人は川底の状態がまったくわからずに、釣り始めることがあると思います。たびたび通っていないと

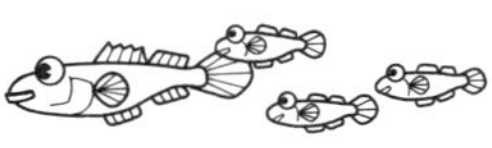

わからないこともあるのです。

私はリール釣りのときは水深を測るクセがついてしまいました。方法を記しますと、仕掛けを投げたときに水面へオモリが着水しますが、その瞬間から一、二、三と着底までの時間を数えます。投入する竿すべてについて測ればどの場所が深いか浅いかがわかるのです。

ですから、同一方向であっても距離によっては着底時間の違いがわかり、川底の起伏の様子がイメージされると思います。

ハゼ釣りも「イメージ」がもっとも重要な要素になります。そのポイントの基礎的知識が少なくても、着底時間を測ることにより川底のイメージができあがります。今そのポイントのハゼはどちらの方向を向いているのだろうか、というような想像をするように努力しています。

水深については、アンカーを入れるときロープに目印をつけておけば移動先との比較ができます。アンカーに付着した土、藻、貝殻などからボートの下の川底の様子も知ることができるのです。

江戸川のハリネズミ釣法は、竿一本の引き釣り釣法（さぐり釣り）と見た目は全く違う形に見えますが、引き釣り釣法を進化させたものと考えていいと思います。

11

無料乗船券

双眼鏡で見せて時間を測る

真夏のある日、こんなことがありました。

江戸川でハゼのボート釣りをして宿へ上がりました。

「何か気がつかなかった？」と日焼けした顔で親方が微笑みかけました。

船宿によっては親方のことを大船長、船長、社長とも言います。

「何が？」と言いながらバケツにビクのハゼをあけると、猫が数匹、ハゼを狙って近づいてきました。

張り出したひさしの陰で涼しいけれど、ときおり熱風が吹きぬけていきます。河川敷に立ててある緑と赤ののぼりがバタバタと音を立てています。
親方「お客さんが、一緒の場所で釣りたいって言うから教えたんだけどいかなかった?」
私「自分のことで手いっぱいだから気がつかなかったけど」
親方「ときどき来るんですよね。名人と勝負したいって。そんなときは双眼鏡で名人の釣ってるのを見せるんですよね、時間を測ってね。これじゃとてもかなわないって。だいたいそれでやめます」
私「全然知らなかった。気が弱いから挑まれたらペース狂っちゃうよ」
親方「でもね、どうしてもって言う人もいます。だから、言ってやるんですよ、名人に勝ったら一年分の船賃をタダにするってね」

竿頭になるのは結果であり目的でない

船宿を経営しているといろいろなことがあるようです。

江戸川のハゼの釣果を日刊新聞の釣り欄に毎日出しているのはこの宿だけでした。私がハゼの数釣りに挑戦し始めてから、その宿の釣果数が「現認」の数字だと知りました。私がこの宿を信用したのはこのことからでした。

現認ということは船宿が数を確認したということで、この作業は十数年通っている今も変わっていません。

その新聞に出している数字について苦情というのでしょうか、いろいろと電話があるのだそうです。「ほんとのことだからよ。うそを出してるわけじゃなし、気にしちゃいないよ」と親方は言ってくれます。

さり気ない気遣いはとてもうれしいものです。私があくまで「趣味の釣り」を楽しんでいるのだということをよく知ってくれているのです。ですから、初めから誰かと競うという気持ちがありません。竿頭《さおがしら》（もっとも釣果の多い人）になるのは結果であって、決して目的ではないのです。

目標を高く設定して努力する

江戸川のハゼのボート釣りに夢中になったのは一九八九年からで、そのときに一日で一〇〇〇尾、ワンシーズン一万尾、ミャク釣りのアベレージ五〇〇尾という「自己目標」を立てました。

目標はどれもこれも釣り仲間から「正気の沙汰でない」と評されました。このことで心ならずも私の人格に対して様々な憶測と誤解を生じたらしいのです。

私の本意はただ「上手になりたい、そのために目標を高く設定して努力したい」という単純な気持ちにすぎませんでした。

仕事のノルマも学生の人生目標も、高ければ高いほどそれなりの努力と研鑽ができるのではないでしょうか。結果はあとからついてくるものだと思いますが、みなさんはどのようにお考えでしょうか。

道楽の目標を達成しても人生は変わらない

努力と研鑽の積み重ねは恐ろしいものだと思います。不可能と思われた自己目標はクリアされ、二〇〇四年現在、一日千尾超釣りの累計が一〇四回になりました。釣り上げたハゼの総数は二六万尾を超えました。

だからといって、「自分の人生が変わる」というほどの大それたことではないと思っています。私の生き様は何も変わりません。ただ、私のひそかな誇りではあります。自己満足といっていいでしょう。「道楽」だから楽しいのだと思います。
現在まで、船宿の一年分の無料乗船券を手に入れた釣り人が出たとは聞いていません。

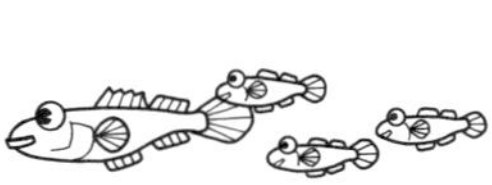

七年待ってください

ハゼの天敵は青潮、鵜、洪水

二〇〇四年で一六冊目の「つり手帳」を使っています。一九八九年の正月のこと、江戸川のハゼの数釣りに挑戦する決意をしたときに買いました。以来、愛用し「この手帳は私にとってとても大切なものです。もし、これを入手された方がおられましたら、ぜひご一報くださるようお願い申しあげます」と奥書をしています。

そのように数釣りに挑戦する釣り人のことをハゼの天敵（「たくさん」釣

るから、絶滅するとか、釣りすぎとかいう意見）のように考える人もあるようですが、私などは江戸川のハゼの最大の天敵は青潮で、次に鵜、洪水だと思っています。洪水があるとハゼの稚魚は海へ流されてしまい、戻ってくることができません。

釣り人が釣り上げるハゼの数は微々たるものと思えます。江戸川のハゼの数が多すぎて、豊富なエサも足りないくらいだから、釣り上げて「間引き」するくらいの方がいいという、まじめな意見もあるくらいです。

鵜の食害は深刻

保護鳥の鵜が大挙して江戸川に襲来すると、船宿も釣り人もハゼもパニックになります。何百羽もの鵜が川面を真っ黒にして降りて、いっせいに潜って魚を追うのです。水面へ浮き上がってハゼ、ボラ、セイゴなどを

天を向いて飲み込む様は憎らしいほどです。

各船宿は船を出して追い散らそうとしますが、場所を替えながら同じことをするのです。鵜の食害のあとは稲刈りを終えた田んぼのようで、何も魚はいなくなってしまうのです。

行徳・船橋沖の三番瀬にイワシ、コノシロ、ボラ、サッパその他の小魚が豊漁のときは江戸川へ鵜がくることはありません。ときおり数羽の鵜が偵察でもするかのようにくるだけです。そんなときは、釣り人はハゼが釣れる確率が高いので、鵜のいる場所へボートを寄せます。

酸欠のハゼの黒いジュータンが二キロも続く

一九九四年八月二二日、大規模な青潮が船橋沖に発生して翌二三日も続きました。酸欠の青い海水は行徳沖にも達し、上げ潮に乗って江戸川放水路内にも入りました。そして江戸川のハゼは、呼吸困難になって次々と川面へ浮き上がりました。

江戸川堤防から眺めると川面には幅一〇メートルほど、長さ二キロほどと思われる黒いジュータンが、くねくねと曲がりながら河口の方へ延々と続いているのです。その帯は一筋だけでなく幾筋もありました。近づいて見ると、それは水面へ口を突き出して呼吸も絶え絶えになったハゼでした。ハゼは棒立ちの状態でぎっしりと密集していたのです。

行徳の釣具店には数日前から柄の長い玉網を買う客が相次ぎ、売り切れになってしまいました。行徳塩浜の海岸堤防上からハゼをすくいとるために買っていったのです。今でさえ玉網の売れ具合で、青潮の様子がわかるといいます。

黒いジュータン状のハゼを玉網ですくってみました。柄が折れそうなほどの重さです。バケツにあけると八分目ほどになりました。数えてみると

それだけで軽く一〇〇〇尾は超えていました。

江戸川によくこれほどのハゼがいたと思えるほどの、数千万尾とも一億尾以上とも思える大量のハゼを目のあたりにしたのです。

岸際の水辺には、息絶えた大型のハゼの死骸が白い腹を見せて累々と横たわっていました。このハゼが浮き上がったとき、あたり一面に死臭が漂うことになります。風向きによっては行徳の街中でもわかるほどの死臭です。

ハゼの生息数に周期性は見られるか

一九九六年はハゼの豊漁に沸きました。この年は青潮の被害がほとんどありませんでした。この年の私の釣果は四万一二六尾、釣行四五回、千尾超釣り二二回、ミャク釣り三九回の一回平均釣果一〇〇二尾という記録になりました。

二〇〇三年はミャク釣り二五回でしたが、一回平均釣果は一〇八六尾で過去最高の自己記録でした。なお、釣行一五回連続千尾超釣りという新しい自己記録もできました。

毎年のように青潮の発生は江戸川のハゼを脅かします。青潮は人災ともいえますが早急の解決策がないまま、釣り人はただひたすら祈るのみなのです。

北東の冷たい強風が吹き続けると、行徳の船宿と漁師は不安げな表情になって沖へ船を出して海面を眺めるのです。

青潮が発生すると三番瀬のアサリが大量死し、稚魚も成魚も死んだり逃げ散ったりして不漁が続くのです。青潮こそが東京湾奥の魚介類の最大の天敵なのです。幸いに二〇〇三年と二〇〇四年は、三番瀬のアサリの大豊漁となりました。

「つり手帳」の記録からは、一九八九年、一九九六年、二〇〇三年と七年おきに私のハゼの釣果のピークがあります。周期性の根拠はないのですが「七年待ってください」と、ハゼが語りかけているような気がしてなりません。

釣り場一〇〇回

来年の釣りのために下見を心がける

テレビドラマの刑事もので「現場一〇〇回」と足を運び、事件解決のヒントを得る話が出てきます。釣り師にあてはめれば「釣り場一〇〇回」とでもいうところでしょうか。

ある日のこと、宿へ上がると女将さんが「あれぇ、もっと釣ってくるかと思ったけど、どうしたの？」と言いました。午前中に釣った分を一度宿へ上げているのでその数を基準にして、残り時間が何時間だからあと何尾

は釣れるはず、と予測していたのです。実は「来年のための下見をしていた」ので、釣果は伸びなかったのです。

長年通ってはいても、江戸川の釣り場にくまなく竿を出したわけではありません。厳密にいえば「点」であり、他の人よりも少しだけ密度が濃いだけのことだと思います。

ですから、目標の数字をクリアした日などは、それ以上の尾数の積み重ねを「捨てる」ことがあります。つまり「自己記録」作りを放棄するのです。そして、それまでに竿を出したことのない場所や実績が少ない場所などを釣り回ります。

趣味は仕事のように厳密にやる

今日のこの日というのは一年に一回しかありません。いくらハゼ釣りが好きだからといっても毎日釣りに行けるわけではありませんから、「釣行日」も厳密には一年のうちのピンポイントであるわけです。

ですから、もし来年何かの事情で実績のある「定番」のポイントで異変があって、ハゼが釣れない場合の逃げ場を「調査」しておかなければならないと思っていたのです。

「調査」はあくまで異変があった場合の用意であり、それは毎年のように繰り返される調査でしたから、「ある場所でのその時季」、言い替えれば竿を出した実績のないピンポイントでのデータは増えるばかりでした。

「それだもんなー、だから昨日今日釣りにきたってかなうわけないよねぇ」と、宿の女将さんはそんな私の姿を見てときどき言うのです。

私の現役時代からのモットーの一つは、「仕事は趣味のように楽しくやり、趣味は仕事のように厳密にやる」ということがありました。趣味だっていい加減にやっていては、道楽にまで昇華できないと思うのですが、みなさんはどのようにお考えになりますか。

暇ができたときは、大潮の干潮時間を見計らってフラッと宿を訪ね、お客さんの送り迎えをする船外機つきの小舟に同乗させてもらいます。

江戸川の干潟が露出して釣り場の様子がよくわかります。ときにはカメラを持参して撮っておきます。斜面の具合、凹凸の規模、ミオの位置と土質、貝の群落、落下物の有無などを確認しておきます。満潮時間の釣りのよいデータになります。

ダメで元々、やらないよりやったほうがよい

ある年のことでした。何年もの間、役に立つかどうかわからないのにしてきた「調査」が役に立ったことがありました。

六月のシーズン当初、各船宿の定番の場所でなぜか例年のようには釣れ

江戸川放水路ハゼリール釣りポイント図（9～11月初旬）

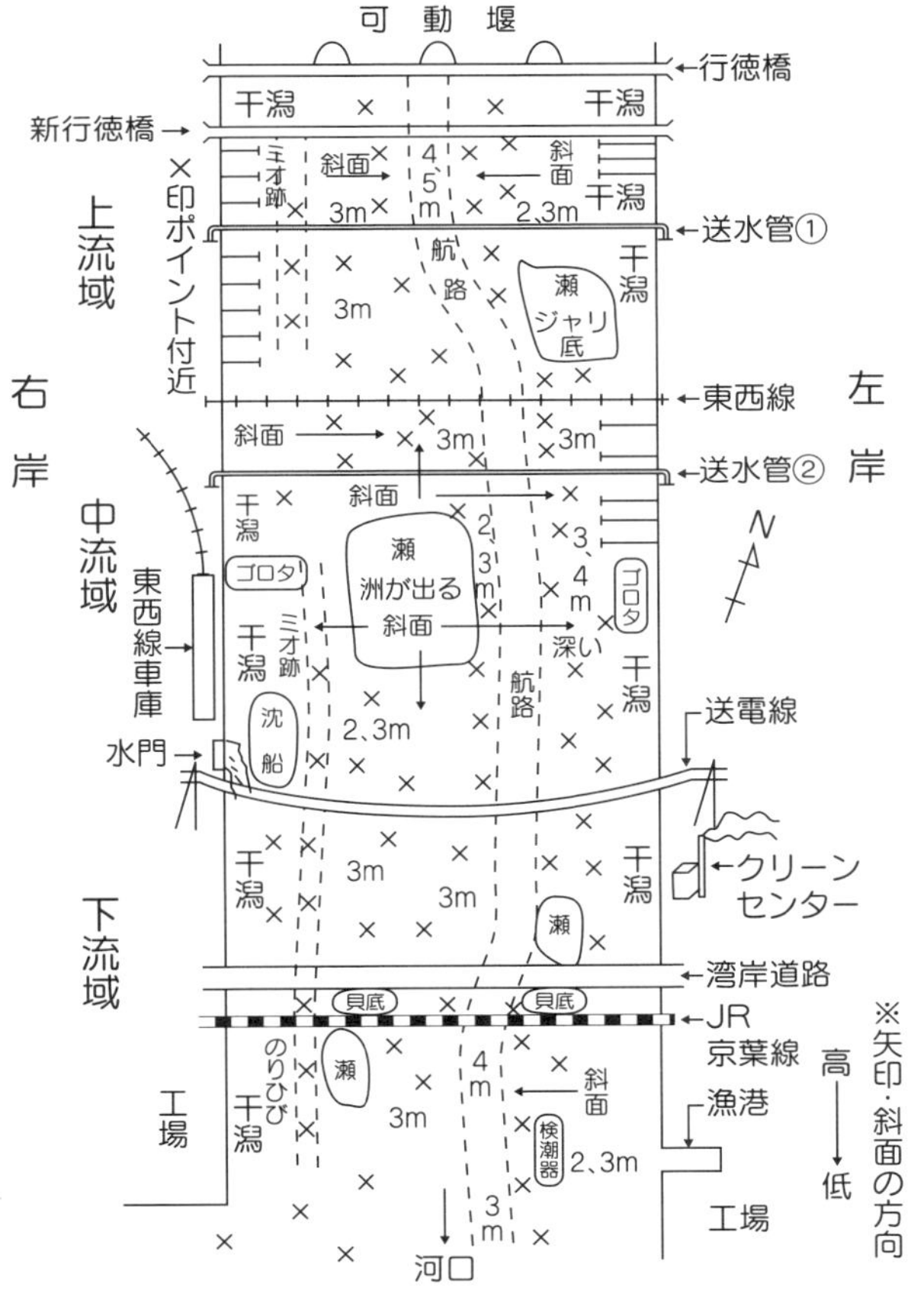

作図　鈴木和明

江戸川放水路夏ハゼミャク釣りポイント図

㊟洪水があると変化する

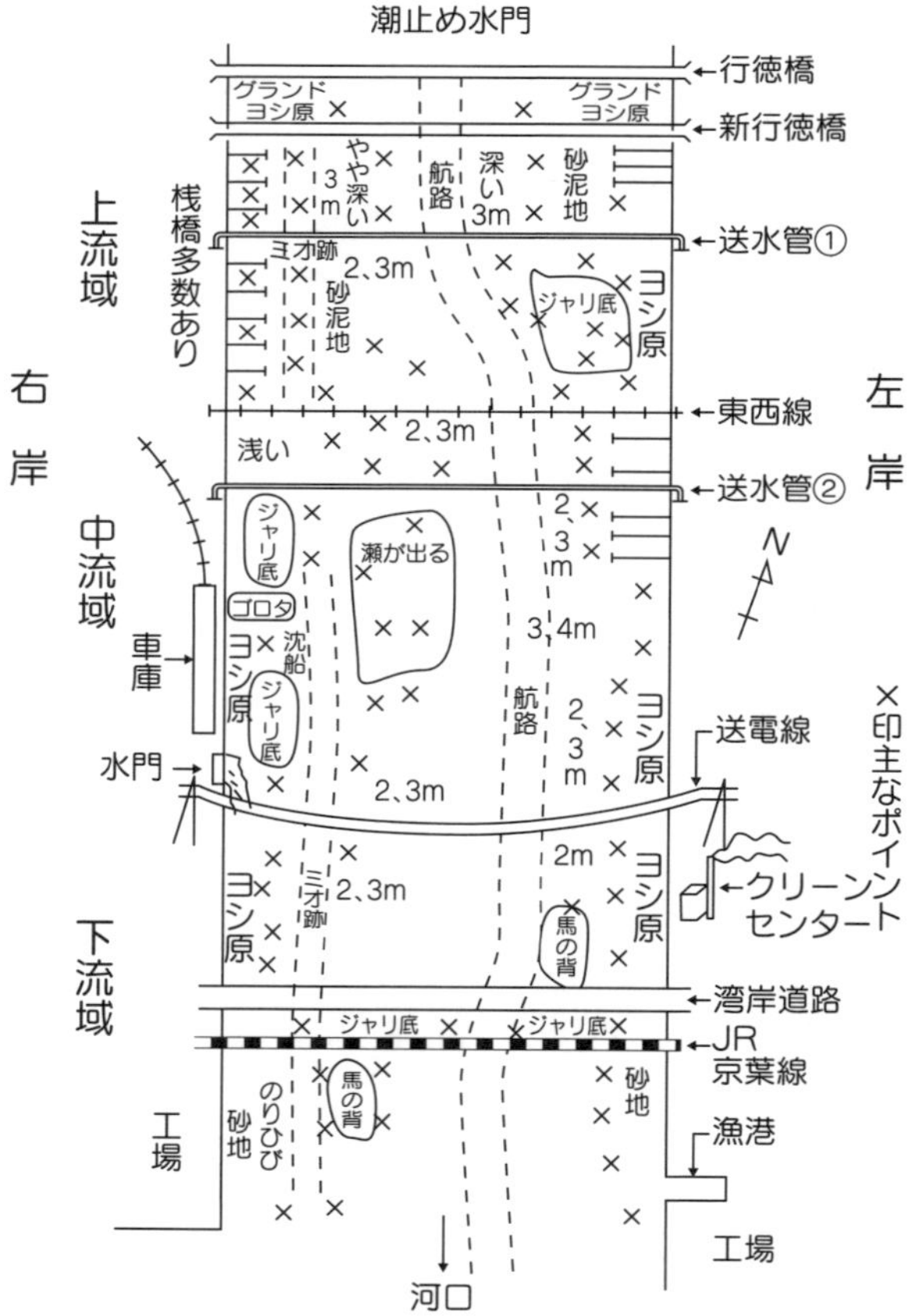

作図　鈴木和明

ないのでした。一番子の孵化に異変があったのではないか、などと心配しました。

私はこれまでに江戸川のハゼ釣りで狙った場所で思ったような釣りができなかったときは、思い切って大きく場所を替えて釣ってきました。そんな経験がありましたので、定番の場所で釣れなかったときに、もしかしたら、と思って「調査」をしてきた場所に直行したのです。

ダメで元々、やらないよりやったほうがいい、と思ったのです。定番の場所でねばっても、どうせ大したことはないのですから試してみようと思いました。たとえ調査しておいた場所で釣れなくても、結果がわかって気が晴れますし、次の対策も立てられます。

ですが、ハゼはその調査しておいた場所にいました。釣り人たちから隠れるようにひっそりと、そしてまさに大量のハゼがいたのです。それは自然の気まぐれであり、人知の及ばぬ自然の驚異です。環境に対応したハゼ

の摂理であり必然というべきなのでしょうか。

釣行するたびに千尾釣りになりました。このポイント群を「調査」したことのない多くの釣り人にとっては、釣り場の情報が不足していました。同じ場所で釣っても大きなハンディがあったといえます。

洪水で調査を再開し江戸川を放浪

ときには何年もの間積み重ねてきた私の「調査」が無になることがあります。

利根川の洪水のため江戸川可動堰から洪水が放水されると、ハゼの稚魚が流されてしまうだけでなく川底の状態が一変するのです。

大量の土砂のため川底が浅くなります。あちらこちらに上流から流れてきた漂流物が沈殿します。斜面、凹凸、貝の群落などが消滅したり形が変わったりします。

ハゼの着き場が変わります。再び私の「調査」が再開され、私は江戸川を放浪するのです。

14

自己申告と信用作り

ハゼの数釣りに余分な動作は不要

ある目標の数字を決めてハゼの数釣りに挑戦しているときに、現時点の釣果の数字を正確に知っておくことはとても大切なことだと思います。ときおり、クーラーなどをのぞき込んで数え直した経験をした人は多いでしょう。竿頭になれるかどうかという場合はなおさら気になると思います。

ハゼの数釣りを長年していると、釣りながら数えた数字と実数との誤差がだんだんと少なくなってきます。釣りながら一〇〇〇尾を数えても誤差は大体一パーセント以内におさまります。ピッタリということも結構ありました。

「カウンターを使うのですか？」という質問はときどきありますし、実際にそれを使う人もいます。私はカウンターを使ったことはありません。

要は慣れであってほとんど習慣になっています。また、ハゼの数釣りには釣り以外の余分な動作はなるべくしないようにしているのです。

数の記憶が瞬時に「飛ぶ」

私の場合は、ボートで座っている足元にバケツを置いておきます。水はハゼの背中が隠れるほどしか入れません。その方がハゼのもちがいいのです。

そのバケツにハリからはずしたハゼを数えながら落とします。夕方まで元気に生かしておかなくてはなりませんので、釣れ具合によって三〇尾とか五〇尾ごとにビクへ入れます。

「どうやって今の数を覚えているのか?」とも聞かれます。実は、記憶は瞬時に「飛ぶ」ものだということを最近はつくづくと思います。

釣り場でなじみになった人に声をかけられて返事をしたとたんに数を忘れます。よくしたもので、この頃は忘れた数字の直前の区切りのよい数字が頭に浮かびます。

ですから、そこまで戻って数え始めます。そうすると、実際の釣果は自分が今数えている数字より多くなるのです。

そんなわけで「飛ぶ」たびに誤差は広がっていきます。このような場合は、船宿に自己申告した数字が実数よりも少なかった、ということはまずありません。

好釣果ほど釣り人の心が高ぶる

よく「三〇〇尾くらい」などという言い方をする人がいます。経験的には大部分の場合に三〇パーセントほどの誤差があり、二〇〇尾前後という場合がときどきあります。申告数よりも多いというより少ないことの方が多いようです。

それは、比較的に食いがよく好釣果のときに多い現象で、とても喜ばしい現象だと思います。

私も含めてそうなのですが、釣り人は「大漁だ」という思いがあって、心が大いに高ぶっているときの言葉ですから、本人にはまったく悪気がないのです。

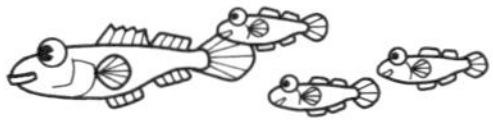

数字が生きる分れ目がある

私も江戸川でハゼの数釣りを始めた当初は、いろいろと失敗をした経験があります。

「一〇〇〇尾を超しただろう」と思って納竿したところ九五〇尾しかいなかった、などということもありました。

仕事でノルマを達成したときと、わずかに及ばなかったときとでは、積み上げてきた数字の価値がまったく違ってしまう、というくやしい思いをしたことのある方も多いのではないでしょうか。

数字が生きるか生きないかという分れ目があると思います。すべてか、ゼロかという扱い方をされることもあるでしょう。

ですから、大きく数がわからなくなってしまったときは、現在でもボートの上で釣ったハゼをバケツにあけて、ビクの中へ移しながら数え直すということもあえてするのです。不安な気持ちを鎮めるにはそれが一番いいのです。

釣り師の信用、船宿の信用

最近では私の自己申告した数字の誤差が少なくなって、私に対する船宿の信用が増したように思います。

「誤差が少なくなった」という意味は、船宿の人が私の釣ったハゼを数え直すからです。行きつけの船宿が出す新聞情報の数字は、宿が自ら数えた「現認」の数字なのです。

釣果を自己申告しても魚を見せず、現認もさせない釣り人の行為がもしあるとすれば、それは釣り人自身の信用を失っている行為でもあると思いますし、釣果に対する自信のなさの表れでもあると思います。また、その

船宿の現認作業。1999年6月21日伊藤遊船店主伊藤祇勝氏。
宿で数えた数字だけが新聞への情報として掲載される

ような自己申告の数字を新聞などに情報として載せる宿があるとすれば、長い目で見てその宿の情報は支持を得られなくなるのではないでしょうか。

自己申告をするだけでなく宿の現認を受けることは、釣り師の信用だけでなく、船宿の信用をも高める行為になると思いますが、みなさんはどのようにお考えになりますか。

ハゼにかまれて医者へ行く

国際色豊かになった江戸川の魚

ハゼも共食いをするということを、あらためて知ったことがありました。夏ハゼを釣っていたとき、もちろんミャク釣りだったのですが、竿先がグーッと引き込まれる力強いアタリがありました。手首とひじを高く上げてノシ（引き）をこらえて抜き上げました。一五センチはあろうかという大型でした。

このクラスの大きさになると、取り込むときにボートの縁をカスカスに越して、ドテッという感じで足元に落ちるのです。運悪くボートにあたるとハリス切れもあります。

その大型ハゼの口にかかったハリをはずしたときでした。口の中に少しふやけて白くなりかけた魚が入っていました。それは五センチほどのハゼでした。

江戸川にはもっと積極的にマハゼを食べるハゼがいます。外国からきたウロハゼです。最近では、江戸川の魚も国際色豊かになって外国産の魚が何種類もいるのです。

ウロハゼの魚体は寸づまりですがそれでいてやけに重いのです。皮膚は硬く獰猛な顔つきをしていて、鎧をまとった西洋の騎士という感じがします。江戸川ではときおり釣れてくる程度の生息状況で、大量にいるという感じでもありません。

ハゼのようなエイのアタリ

江戸川で釣りをしていてまれに救急車で病院へ運ばれる人がいます。立ちこみ釣りの人で、赤エイの毒バリに刺されることがあるのです。腰まである長靴を履いていても、防水ゴムを運悪く突き抜けることもあるのです。行徳沖が青潮などのときに江戸川へ大挙して逃げ込んできたりします。青潮でないときでもエイはいます。

ボートのミャク釣りをしていると、ハゼのアタリと思うほど小さなアタリがきて、反射的に合わせてしまいます。

エイの引きは特徴があって、グーッ、グーッと波があり、一・八メートルの竿などは三ノシくらいで穂先が水面へ突っ込んでしまいます。ですから、エイだと判断したら竿をピュッと振ってハリスを切ります。「君子危う

きに近寄らず」です。釣り上げてボートの中へ上げるなど論外だと思います。

秋になって、深場でハゼのリール釣りをしているとき、置き竿を引ったくるようにして持っていくのは大型のエイです。釣り人はカレイがかかったと喜びますが、竿先を見ているとエイだとわかります。

バンソウコウだけでタダだった治療費

ある日のこと、宿へ上がると「今日、医者へ行った人がいる」と親方が言いました。ハゼにかまれて指から血が出たのだと言うのです。私はてっきり冗談だと思いました。だいたい、今までにハゼにかまれた話など聞いたことがありません。

青イソメの元気のいいものがときおり口で指をかむことがあります。そんなのはご愛嬌で女性をからかうネタ話の一つで、親方の話もその類のものだと思ったのです。

そうしたら「ホントの話」なのだと言います。私は子どもか女性かと思いました。ところが、グループで来たうちの一人の「釣り師」が、仲間につき添われて船宿御用達の医者へ行った、というのです。

親方は「治療費は全部うちで持つ！」と言ったらしいのです。しばらくして医者から電話があって「消毒してバンソウコウを貼っただけだから、請求のしようがない。タダだ」と言われました。

口に指を突っこまれて苦しかったウロハゼ

この話には後日談があります。

かまれた釣り人は医者からそのまま帰宅しました。仲間二人は残ってそのまま釣りを続けました。その仲間のことを「こんな薄情な奴だとは知らなかった」と言ったとか言わなかったとか。

釣り人の指を「かんだ」のはウロハゼでした。ウロハゼの分厚い唇のすぐ裏にはジョーズのようなノコギリ状の歯があります。

大型のウロハゼを釣ったのですが、ハリを喉の奥まで飲み込まれていました。ハリスを引っ張っても抜けなかったので、無理をして指を口の中に突っ込んでハリのチモト（針の糸を結ぶ部分）を握ろうとしました。それほど口が大きかったということです。

ところが、ウロハゼはとても苦しくて夢中になって口を閉じたのです。もしかしたら、ウロハゼをつかんでいる片方の手に力が入ってしまったのかも知れません。

ウロハゼの歯は大きくて硬いのでその歯が指に触れたとき、きっとびっくりしてしまったのだと思います。釣り人は指を引き抜こうとして慌てふためいて強引に指を引っこ抜いたのです。

ことの顛末はそんなことだったようですが、「釣り師」を自称するにはどこかで何かが少しずつすれ違っているような気がするのです。

釣行時には、救急用のバンソウコウくらいは忘れずに持参するようにしよう、とあらためて思い直した出来事でした。

人間魚群探知機

お客を一本釣りする営業マン

商売をするのに、魚群探知機のようなものがあったら便利だと思うことがあります。

行きつけの車の販売店の営業マンと会ったとき、ひとしきり釣りの話になりました。クロダイの堤防釣りをしているとのことでした。

いつ行っても釣果は芳しくなく、いい思いをした記憶がないとのことでした。ところが地元の人は、いつも釣っていくので不思議に思っていたそうです。

そこで、思いきって聞いたのだそうです。すると「われわれとは段取りが全然違うんですよ」と言って「遠方からの通いではとてもあれはできません」とため息をつきました。

その営業マンが私との商談で出した手帳をのぞき込んだら、なんと真っ黒に記入されていました。備忘の日程だけはよく見るのだそうですが、自分の顧客データはほとんど見ないのだそうです。手帳に書いたときに頭にインプットされているのです。

その人は成績ダントツの営業マンです。コンスタントにお客を一本釣りしています。「通っていればいい釣りに出くわすこともあるでしょう」と屈託がありません。

顧客探知機が開発されれば便利

昨今の長引く不況で「チラシを打っても反響が少ない」と聞きます。「広告費をドブへ捨てているようなものですよ」と嘆く経営者もいます。

新聞折込みのチラシは釣りにたとえれば「コマセをまいている」ということでしょうか。沖釣りでアジのコマセ釣りをするとき、船頭さんは魚の回遊する区域で「どうぞ」と号令をかけてくれます。魚がいない場所でどれほどコマセをまいても釣れないからです。

ある業界のトップセールスマンと思われる人の、顧客キャッチ方法の一つを聞いたことがありました。自分の顧客データからチラシとは別に独自の人脈を作っていて接触を絶やしません。そして自費で適度に「コマセ」をします。集まってくるものは「情報」です。情報の質と結果についてランクをつけ、必ず相応の謝礼を払います。もちろん自腹を切るのです。

私は、それはすごいことだと思いました。私が経営者だったらこのような営業マンを雇いたいと思うでしょう。でもそれは、江戸川で夏ハゼを釣っていて二〇センチのヒネハゼを釣り上げる確率よりももっと低い確率だと思いました。ですから、「顧客探知機」のようなものが開発されたら便利なのだが、とふと考えたりします。

ハゼの群れ具合の見極めがコツ

私が江戸川でハゼ釣りを始めたとき、ただやみくもに行き当たりばったりに釣り歩くしかありませんでした。それなりの情報を集めはしましたが、誰にでも知れることばかりでした。

つまり、数が揃わないのはハゼをハリにかける技術の問題などではなかったということでした。原因はハゼの居場所がわからなかったことに

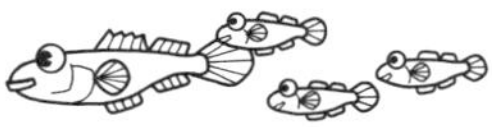

あったのです。いないところで、いくら新鮮なエサを使っても釣れるわけがありません。ハゼさえいれば、あとはアタリを出せるかどうかという技術上の問題です。

江戸川の夏ハゼの場合は、極端な言い方をすれば、川のどの場所へ行ってもまず間違いなく釣れるものなのです。ただ、どれだけの数が釣れるポイントなのか、ということだけなのです。

江戸川のハゼ釣りは、ハゼの群れ具合の見極めにコツがある、ということでしょう。それさえできれば、釣り人は誰でも「トップセールスマン」になれるチャンスがあると思います。

横がダメなら縦にハゼを探す

ある日のこと、ボートで江戸川の川中の瀬に乗りました。下げ三分の時間で水深一・五メートルほどでした。竿を出してみると六～八センチがほとんどでした。

「三番子がいっせいに乗ったな」と考えました。

私は一〇～一二センチを中心に釣りたいと思いました。空振りが少なくて数も比較的に多いのでこのサイズが一番釣りやすいのです。

そこで三〇センチ長い竿を出して、瀬を横断するように左岸から右岸へ転々と釣ってみましたが思わしくありませんでした。

そのため瀬を一〇〇メートル下りました。今度は縦断したのです。瀬から落ちた目星をつけた場所をオールで突くと、潮が下がったので水深一メートルで貝殻混じりの砂地でした。

夏の暑いうちは砂地の方がハゼが集まりやすいので、風に流されながら竿を出しました。するといきなり一五センチのハゼが釣れたのです。すぐにボートをその場所周辺に戻してアンカーを入れて釣り始めました。そうしたら、エサをつけて投入して上げているだけ、という超入れ食い状態になりました。

川を知ればハゼを知る

移動先のポイントが「アタリ」の場所になる確率は、以前はとても低かったと思っています。あたりはずれが大きかったのです。

一〇〇〇尾釣れても次は三〇〇尾などということはずいぶんと経験しました。それは川底の様子をよく知らなかったせいでもあります。川を知ればハゼを知る、と思います。

ミオの長さ、深さ、幅、瀬の場所、規模、砂地か泥地か砂泥地か、落下物などの沈殿物の有無、貝の群落の規模、場所、斜面の角度、大きさ、底の凹凸の具合、藻の場所と密度、どの場所は上げ潮なのに水の流れが逆に

ハゼが釣れているボートは魚群探知機の役目をする

なるのか、その他の情報が今では頭の中の手帳にインプットされています。

現在でも釣り場選定の「あたりはずれ」は実のところあるのですが、その場合の移動するための決断の時間が短くなりました。それは経験を積み、情報量が増えるにしたがって早くなったと思います。

魚群探知機

最近では私が釣っているとボート

が集まってきて私の移動先にも寄ってきます。

江戸川のハゼ釣りの場合、釣れているボートの近くへ行くということが釣り場選定の方法の一つになっているのです。ということは、少なくとも私のボートが魚群探知機の役目をしていることになります。

その魚群探知機は今でも週に一回はボートを出しています。川もハゼも生きていて釣り人の探索を待っているような気がしているからです。

17

たらればハゼ釣り師

ハゼ釣りは子どもの塗り絵と同じ

江戸川でハゼの数釣りを始めた頃、数十尾の不足で目標を逃すことがありました。そういう場合は「あのとき場所替えしなかったら」とか「三・五号のハリにしていれば」などと大いに反省をしたものです。

「たら、れば」は本来、謙譲語だと思っています。真摯な反省なら次回の釣行で何をどのようなときに実行したらいいのか、課題が見えていると思います。

たら、ればの反省が多いということは進歩の可能性がある、ということです。問題はやってみるかどうかだけなのではないでしょうか。

そう考えると、ハゼ釣りは子どもの塗り絵と同じだと思えます。各スペースにどの色を塗るかはその子の自由であり、形は同じでも十人十色の塗り絵ができ上がります。ですが、塗り方が雑だと仕上がりません。ていねいに塗り直すことが「たら、れば」の実行だろうと思います。

安全第一の釣りが普及

近年、家族連れの釣り人が増えました。宿のボートは二人乗りから一〇人乗りまで各種の大きさがありますが、数人の「団体」が多くなりました。

家族連れの釣りは「釣り師」のそれよりも一層安全第一の計画ですから、天候には特に敏感なようです。

台風情報がテレビに出ているときはもちろんのこと、普段の日でも雨が降りそうだとか、風があるとかというと釣りが中止になります。そういう注意の払い方ということがいつのまにか「釣り師」にも伝染しました。

ハゼ釣りで若さが復活

若さとは情熱であり、無鉄砲さであり、釣りの原動力でもあると思います。若さとは心のときめきのことであって一概に年齢だけではないと思います。江戸川のハゼ釣りに夢中になったとき、私の「若さ」が復活しました。

雨降りのとき、強風のとき、低温・高温のときなど、そのときどきにどのような釣りになるのか知りたくて、試してみたくて仕方がありませんでした。それらをひと通り試すことができた私は幸せだったと思っています。

「雨さえ降らなければもっと釣れたのに」ということが出発点でした。ただ、雷のときだけはひたすら宿へ逃げ帰りました。

雨のとき釣っていて座り直そうと腰の位置を少しずらしたら、ボート内にたまった雨水がザザァーッと片方に寄ってしまいボートが傾くのです。そんなときはスノコを上げてバケツでくみ出します。シーズン中にこのようなことがたまにあります。

雨粒でミャク釣りのアタリがわからなくなる

六月の梅雨どきに釣行したときのこと、しとしと雨がざあざあ降りになりました。

ミャク釣りの竿先に雨粒がコツンコツンとあたるのでハゼのアタリがわかりません。仕方なくタイミングを遅らせて竿先が引き込まれるまで待ちました。

胴突き仕掛けでのハゼのミャク釣りは、竿先に出るアタリを待たないで、竿尻を握る手の平に伝わる前アタリで合わせるように心がけています。「コツッ、チクッ、モジッ」などと表現される微妙な感触です。

雨粒が大きくなると、アタリなのかアタリでないのかわからなくなるのです。手の平の感触だけでアタリをとりますから目をとじていても、よそ見をしていてもあわせることができます。竿先が動く前のアタリをとりますから周囲の人が見ていてもアタリが見えないのです。しかも、このアタリはオモリが川底に着底した瞬間（軟着陸）に主に出ることが多いので、振りこんだと思ったらすぐに合わせているように見えます。

ですから、エサ交換なしで連続して数尾を釣り上げたようなときなどは、周囲のボートの人たちから「エサはつけているのか？」とか「エサは何か？」などと聞かれることがあります。一〇〇〇尾釣れるような日には、一

回のエサづけで五～一〇尾は釣り上げます。

技量向上のための謙譲語

釣りを楽しむ上で天候と同時に「潮時を見て」釣行することはとてもよいことだと思います。釣れる確率の一番高い時間に竿を出すのですから合理的といえます。

たいていは潮止まり時間を過ぎてからの釣りを選びます。この場合は、次の潮止まりまでの数時間を釣ることになります。

仮にそのようにしてハゼが三〇〇尾釣れたとします。するとたとえば「一日やっていれば〇〇〇尾は釣れた」ということになり周囲もたいがい納得することが多いのです。

事情があってその釣り時間になるのですからそのことについて異論はな

いし、合理的な釣りをしたと思うのですが、今一つ釈然としない気持ちが残ります。

同じような話を以前聞いたことがあります。マブナの試し釣りに行って二時間釣って八尾釣れた、だから一日やれば〇〇尾は釣れるだろう、として上々の試し釣りとして発表した、ということに似ています。

この場合なども、釣行時間の制約からそのような釣りになったのだと考えたいのです。しかし、「たら、れば」はいつの時代でも自らの技量を向上させるための謙譲語として使いたいものだと思っています。

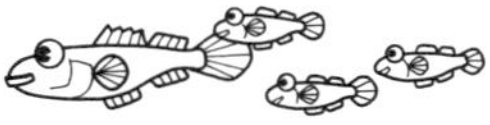

指紋が消える

数釣りは異次元の世界

ハゼの数釣りをして指紋が消えました。完全に消えたというのではなく、極端に皮膚が薄くなったというのが正しいと思います。ともかく、新聞や本のページを繰るのに指が滑ります。めくることができないのです。指に唾をつけてめくります。職業によってはそのような方もいると思います。

ハゼの数釣りは異次元の世界といっていいでしょう。想像もしていなかったことがおきます。

知り合いのベテラン釣り師が千尾釣りに挑戦したときのことです。浅場でデキの五、六センチをターゲットに、ハリ一、二号、オモリ一号の胴突き仕掛け、竿二・四メートルで釣りました。

浅場の竿としては長すぎるのですが、ボートの移動回数を少なくして広範囲を探ろうとしたのではないかと思われます。「チクッというのがわかったよ」と言っていました。

その後の一〇日間は熱い湯飲み茶碗を持つことができず、指は傷だらけで血が吹き出していたということです。

ハゼの数釣りは釣りの総合力の発露

別の釣り人が自己記録の五〇〇尾に挑戦しました。朝一番で来て一〇時間釣りました。夕方、疲れきって桟橋へ上がり「アタックするのはもう二

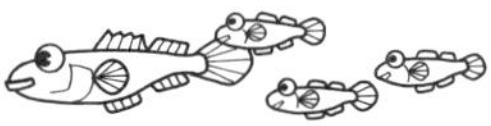

度といやだ」と語ったそうです。その方は現在でも元気で釣りに来ています。

私は江戸川のハゼの数釣りは「釣りの総合力の発露」だと考えています。ハゼをハリにかける技術を持っていてもハゼのポイントがつかめなければ釣れないし、よいポイントにあたっても釣る技術が足りなければ数は釣れません。

手返しが速いか遅いかも決定的です。そのために余分な動作はカットします。ハリ外し、エサづけ、移動、食事、トイレ、水分補給などいろいろあります。

経験は宝だと思えます。反省をして徐々に余分な動作をそぎ落としてスリムな仕草になるのです。大事なことは、ペース配分を会得することです。ただ、いろいろな理由で継続した挑戦ができない方も多く、単発で終わることがあると思います。そのようなときは、せっかくの進歩が止まってしまうのです。

数釣りのもう一つの重要な要素は、最低八時間を快調に釣る気力と体力の充実です。どのような釣りでもこの点は同じだと思います。

爪の管理が一番大事

私はハゼ釣りのシーズンが近づいてくると、爪を伸ばします。右手の親指と人差し指、中指の爪はハゼの口にかかったハリをはずすときに使うのです。

何百尾も釣ると爪が削れてきます。ときには割れることもありますが、それがピンチの始まりになります。手返しの時間が遅くなり爪が使えない分、指の皮膚に過剰な負担がかかって皮膚が傷ついて血が出るからです。

釣り終えた夜は、爪切りのヤスリで削れてへこんだ爪を整えたり、爪を少し切っておきます。決して深爪はしません。一週間で爪が伸びて、釣りができるのにちょうどよくなる程度に切っておきます。

左手の親指、人差し指、中指の爪はハゼをつかむために使います。ハリをはずすときに、ハゼの口のすぐ下の腹や胸ビレの両脇などをグッと押して口をパクッと開かせるのですが、そのときに爪をたてるのです。爪を伸ばしておかないとこのときにつるつると指がすべり、ハゼの位置が固定しないのです。ひどい場合はハゼを握る手の中で魚はクルクルと回転します。そのたびにハリ先がチクチクと皮膚を刺します。

そんなことをしていると、ハゼのウロコで指の皮膚がすり減って血がにじみ出てしまいます。手返しが遅くなり焦る原因にもなります。

風呂上がりに両手に薬を塗って寝る

ある程度の数釣りに成功すると爪や指の皮膚の状態がわかるようになります。要は経験と慣れが大切でそれも技術といえるでしょう。

最近では手の管理と使い方に慣れて、血を流したり皮膚に穴があいたりすることはなくなりました。穴があくのは右手の親指で、ハゼをハリからはずすときにハリのチモトをつかむので、チモトがあたる部分の皮膚にあくのです。

血を流すというのはハゼと青イソメをつかむ左手の親指、人差し指、中指の三本の指のことです。皮膚がすり減って血がにじみ出るのです。

獲物を狙う鷹は爪を隠すといいます。千尾釣りを狙う釣り師は爪を伸ばします。その釣り師が両手を開くと、ハゼが接触した部分が赤くなり熱を

持っています。指の指紋も薄くなって見えにくいほどです。

数釣りを終えた日の夜、風呂上がりに熱を持った両手に薬を塗って布団の外へ手を出して楽しい夢を見ながら眠るのです。

今では、釣り宿で出会う釣り人の爪と指を見れば、その人がどれほどの数釣りをする「ハゼ釣り師」なのか見当がつくようになりました。

今日も指紋の消えた男がレンジでチンをした皿を持つことができず、妻の応援を求めているのです。

19

テレビ局とハゼの困惑

ハゼ釣りの生中継番組に協力

一〇月一七日正午、私はテレビスタッフに囲まれて、一五人ほどが乗れる平底船の船上に立っていました。

スタッフが持ち込んだキーボードが叩かれて、大きな声で指示が飛び交います。

あわただしい雰囲気の中で私は空を仰ぎました。青い青い空にカモメが舞っています。いつのまにか北風が凪ぎました。川面は波もなく、上げ潮だけがゆったりと水面を押しています。喧騒の中で私が今感じているこの静けさは、いったいなんなのだろうと思いました。耳がジィンとするような、どこか遠い別世界からこの風景を眺めているような、そんな空間に私はいたように思いました。

その数日前のことでした。

私は招かれて、小学校校庭で防災訓練を観閲していました。消防署員の指揮のもと地元自治会の人たちの訓練を観ていました。砂塵が強風に舞っています。ケータイが鳴りました。

「江戸川……、テレビ……、正式……、メイジン……、迷惑……」

切れ切れに届く言葉を継ぎはぎして、勝手に自己流に翻訳して「要請」を引き受けました。

漁協役員の話。

「テレビ局の人が取材に来てハゼ釣りの生中継がある。ところがこのところ冷雨が降って、二日前から急にハゼが釣れなくなってしまった。恥をかかせてしまうかもしれないし、迷惑もかけてしまうかもしれないが、ハゼ釣り名人として出てくれないか」というものでした。

本番三分前、川面に魚の波紋が広がった

「本番三分前」の声。私は視線を川面に落としました。桟橋の棒杭に小魚がまとわりついているのが見えました。橋げたについた貝に向かって何かをついばんでいるようです。

あと少し水が増えればいいのですが、水面に頭を出すようにしてつついています。そのたびに小さな波紋が広がるのですが、それはどれも遠慮がちで、潮の流れに押されて消えてしまいます。

ふと、ディレクター氏と目が合いました。無意識に波紋を指さすと彼の

動作が一瞬止まりました。彼は私の指さした方角と私とに交互に目を走らせました。私は声を出さずに、にっと笑いかけました。

彼は時計を見て「二分前」と大声で周囲に告げてからまた私を振り返りました。

「食いが立ったよ（魚の活性が高くよく釣れる）」

と、そんな彼に私は言いました。

「えっ？」という怪訝《けげん》な表情の彼。

私がテレビの生中継の機微を知らないように、彼もまた釣りのそれをきっと知らないのだろうと思いました。

「ハゼはきっと釣れますよ」

と、私は言葉を継ぎました。

確信と喜びが静かに心を満たす

本番の三日前の晩と二日前の朝に、雷が鳴って冷たい大風が吹き大雨が降りました。天気情報になかった予期せぬ天候の激変でした。水温は一気に下がりハゼはさらに口を使わなくなっていました。

本番前日の正午に私は船宿へ行き、ボートを出して釣り歩きました。桟橋から船外機つきの船で一分以内で行ける範囲という条件の釣り場選定でした。悪条件下でのポイント選びの成否は、生中継番組の死命を制すると思います。

その日の午後四時、リハーサルが行なわれましたが、一尾も釣ることができませんでした。本番当日の朝、もう一度釣り場を釣り歩きました。エサを長くつけてタラシを出して、アタリがあってもハリがかりしないようにしました。ハリにかかったハゼは放流しても、本番では釣ることができないと思わなくてはならないからです。

調査の結果、一番アタリが多かった場所へ目印の棒を立ててもらいました。そして、釣りに来ているお客さんのボートを、絶対にその場所へ近づけないように監視してほしいと頼みました。

本番成功のための残された最後の条件は人知の及ばぬものでした。私はただひたすらそれを待っていたのです。そしてそれが今目の前にあります。

ディレクター氏が感知することのできなかった自然の摂理を私は感じ取っていました。確信と喜びが静かに心を満たし始めました。「食いが立った」。心で復唱しました。

タイミングよく三尾釣れて成功

その日の午後、帰宅した私はビデオを観ました。同乗した女性タレントの称賛の言葉にほほえむ私がそこにいました。

市川市役所内にメールで配信された書信

ＮＨＫ総合テレビ・全国ネット・生中継

「ひるどき日本列島」秋本番　江戸前のハゼ釣り〜市川市〜

出演　行徳漁協遊船部会のみなさん

本番当日は奇しくも私の亡き母の七回忌の祥月命日でした。

「あれえ、かずさんえぇ、またテレビでたのけえ」

私の釣りに全幅の理解を示してくれた母の声が聞こえてきそうでした。

なお、カメラが回っているまさにそのときに、タイミングよく釣れたハ

ゼは三尾だけでした。天が味方してくれたと今でも思っています。

（注）番組は二〇〇二年一〇月一七日正午のニュースのあとに生中継で放映されました。

江戸川放水路の遊漁船は次の通り（あいうえお順）。

伊藤遊船、栄達丸、大沢丸、大沢遊船所、大城丸、大城屋、落合遊船、金子丸、金子遊船、川島遊船、小島屋、佐野遊船、さわだ釣具店、渋谷遊船、鈴義丸、高常遊船、高津遊船、たかはし遊船、林遊船、増田丸、みさお丸、御代川丸、弥三郎丸、安田丸、やぶさき丸、ヤブサキ遊船、洋平丸（浦安）。

20 釣りキチ日誌（抜粋）

二〇〇四年六月二三日

晴れ、無風、午後南東の風少しあり。中潮、満潮午前七時一〇分、干潮午後二時一七分。午前六時から午後四時まで一〇時間の釣り。気ままに釣らせてくれるので船宿には感謝している。

六～一四センチのハゼを一〇一三尾。二六八八グラム、ヒネ二二尾含む。千尾超は今季二回目。小型カレイ四尾放流。

台風六号の影響で日、月、火と大風。風に押されて高潮となり河川敷の駐車場に潮が上がったという。波も激しくて護岸の一部が削られたらしい。

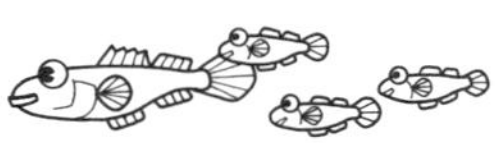

特に被害はなく、各船宿は避難していた釣船を所定の場所へ運んできていた。

したがって、ハゼの動き、川底の変化に留意しながら釣りに出る。中流域の水道管下流の車庫前で釣る。八、九センチの粒揃い（この時季としては、ということ）。ハリを四号に替える。先週とは大違い。一〇〇メートル下り、砂泥地の水深一メートルで釣る。同様。一時間で七〇尾のペース。釣趣はいいのだがこのペースでは一〇〇〇尾は釣れない。今の時季に大台に乗せるには二番子の五～七センチ級が交じる必要がある。

そこで、上流域の右岸栈橋周辺に移動して釣り上がる。例年あまり竿を出していない場所を釣り歩く。今後の逃げ場所確保の意味もあるし、来年のためでもある。三〇～七〇尾ほど釣っては移動を繰り返す。水位が低くなり水辺に群れていたハゼが徐々に深みへ落ちてくる。すると、六センチ級の入れ食いになり四〇パーセントほど一番子が交じる状況。ハリを三・

五号に替える。そのまま釣って九〇〇尾になったところで伊藤遊船の桟橋周辺へ戻ってラスト一時間を釣って数をまとめた。本日までミャク釣り五回、合計四〇二三尾(内ヒネ一四二尾)、八〇四尾/回。千尾超二回。例年通りのペース。

二〇〇四年七月一九日

晴れ、午前中無風、午後南の風。暑かったがさっぱりしていた。気温三六度。夏休み初の三連休の三日目。連日の猛暑にもかかわらず釣り客が殺到している。

大潮、満潮午前五時一八分、干潮午後〇時一五分。午前六時から午後四時までの釣り。ハゼ五~一四センチを八三〇尾(ヒネ五尾含む)、二四六〇グラム。粒がやや小さかった。

朝一番で東西線車庫前の右岸、水深七〇センチのところで釣る。砂泥地。

大中小交じりで一時間一〇〇尾のペース。水位が下がるにしたがって徐々に沖へ出る。川中の瀬へ二回出てみたが思うようなアタリがない。時間のロス。戻る。三〇〇尾釣るのに四時間超。他のお客さんが喜んで釣っているのでここを離れないようにアドバイスをして東西線鉄橋とその下流の水道管の間へ行く。ボートが多い。空いている場所へ入り三〇～四〇尾釣っては少しずつ移動して釣った。深さが違うので一・八、二・一、二・四メートルの竿を使い分けて釣った。ハリは三・五号と四号を使い分けた。干潮時間で一・五～二メートル前後のやや深いところにハゼがいた。水温が高いせいであろう。一〇〇〇尾に達しなかったのは自分のいたらなかったため。

　今日は深場での釣りができてとても楽しかった。二・四メートル竿で一〇〇〇尾釣れれば大満足だが八三〇尾という数字はそこそこの釣果。このくらいのペースが夏休みに入ってからのだいたいの例年のペース。エサ、青イソメ。タラシは出さないか出してもわずか。
船宿、伊藤遊船〇四七‐三五八‐五七七四。

二〇〇四年八月二七日

くもり、終日東の風、寒い。朝二一度、日中二五度。台風一六号の影響あり。八月二四日には船橋沖、行徳沖に青潮が発生した。江戸川のハゼが浮き上がったり死んだりしたことはなかった。江戸川には沖のハゼが逃げ込んだ様子。沖からきた直後の数日間は沖のハゼはアメ色が濃く、川のハゼはやや薄く白っぽい感じだから見分けができる。このことは青潮発生のときは毎度のこと。したがって青潮の影響がおさまった直後にはいつも良型の大釣りがある。何も知らないで釣行した人は思わぬ好釣りに恵まれて驚く人も多い。

若潮、干潮午前八時四八分、満潮午後四時二七分。午前六時から午後三時半までの九時間三〇分の釣り。

釣果、ハゼ一〇三一尾、千尾超釣り九回目。一〇センチを超す中型以上が八五パーセントほどと推定。ボリュームがすごい。

朝一番で二本ある高圧線の下流部分の線の下の右岸水深一メートルのところへ行く。一・八メートルと二・四メートルの竿を出して浅場から竿いっぱいのところまでを釣ってみる。大中小の交じり。一時間二〇分で一〇〇尾。

三〇〇メートルほど上流へ移動。ゴロタから下流の川の中央の瀬に乗る。同宿のボートが多数いる。水深一メートルほど。三・五号のハリに替えたくなるほどの小型ばかり。一時間で一〇〇尾。ここから一〇〇メートルほど下り、沈船の沖一〇メートルのところをオールで突くと硬い砂地の場所で水深一メートル。干潮時間が近い。竿を出してみるといきなり一五センチのハゼ。風と潮で流れるボートを戻して釣れた場所へアンカーを入れた。

あとはエサをつけて投入し、上げているだけ。超の字がつく入れ食い。しかも良型ばかり。アタリでハリ掛かりのハズレがない。三〇分で一〇〇尾のペース。周囲のボートがあきれて見ている。このペースは一時間で終わったがその後は一時間一五〇尾のペースで入れ食い。半径五メートルの範囲をぐるりと一回りしただけで五〇〇尾を釣った。

次第に潮が高くなり二・一メートルから二・四メートル竿に替えていく。長くするたびにペースが落ちる。七〇〇尾になったところで川上へ一五〇メートルほど上がる。川中の瀬の部分で目印の旗が立っている。その付近には釣り人が誰もいない。流れ藻があるといって一〇日ほど誰も釣っていない場所。したがってリール釣りには不向き。竿を出してみたら大あたり。色の濃い沖のハゼとすぐわかる一〇～一三センチのハゼがいた。一時間一〇〇尾のペース。二・四メートル竿でいっぱいになり、活発なアタリでは穂先が水中へ引き込まれて膝の上の置き竿がボートから持っていかれてし

まう。二・七メートル竿を出すのが面倒になったので納竿した。一・八、二・一、二・四メートル竿各二本ずつ使用。袖バリ四号。青イソメ。

二〇〇四年九月一七日

晴れ、無風、日中南西の風。風が吹いてから寒くなった。秋から冬にかけて吹く富士おろしという。一四～一五日にかけて冷たい北東の強風が吹いた。昨日の水温三〇度、上げ潮になって二九・五度、本日の朝の水温二七度。本日の午後の上げでさらに低下し、南西の風が吹いてからは川の水が冷たくなってしまった。

大潮、満潮午前六時二一分、干潮午後〇時三三分。午前六時から午後二時四〇分まで八時間四〇分の釣り。

本日の釣果、ハゼ七～一八センチを六三九尾、半分は天ぷら用に開けるサイズ。セイゴ二尾確保、手の平サイズのカレイ一尾放流。

朝一番で妙典排水門前に行く。一・八メートル竿で釣ってみる。小型がパラパラといるだけ。二・七メートル竿を出して水門の吐き出し前へ行く。ここ数日の急激な水温低下を考慮して千尾釣りはあきらめて大型狙いに変更した。問題はどこでどれだけ釣れるかで、水門から高圧線までの間の二・五メートル前後の水深を釣ってみた。大中小の交じり。それでも一五センチ以上の良型がたくさん交じった。一〇〇メートルほどを往復しただけ。ときどき航路ブイの方へ行ってみたが小型の比率が多くなるので元のラインへ戻った。この繰り返し。

エサは三センチと長くつけた。小型は無視。それでも釣れてしまう。渓流竿で二・五メートルから抜き上げる大型の引きは味がある。本日のお客さんはそれぞれ苦戦した様子。昨日の方がよかった。

今後の見通し。今年は秋の深まりがすごく早い。冷え込むのが三週間は

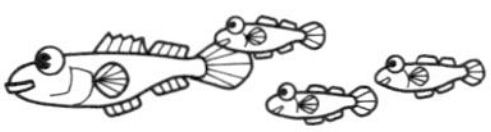

早いだろう。昨年とは様子が大分違っている。したがってミャク釣りは来週の最後の一回を今日のように長竿に変更するが苦戦するだろう。水温の低下でハゼの移動が激しい。昨日釣れた場所で今日は釣れなかった。いよいよリール釣りの本格的シーズンになったようだ。深場へ落ちる前の中間地点のハゼの溜まり場を見つけてのリール釣りは各別の釣り趣がある。ミャク釣りでは無理なポイント。釣り人の数がとても多い。

二〇〇四年一〇月一日

晴れ、北のち北東の風、午後南東の風。さわやかで涼しい。釣り日和。大潮、満潮午前六時一八分、干潮午後〇時二〇分。午前六時から午後二時三〇分まで八時間三〇分の釣り。用意した自製仕掛けを使いきってしまったので早上がり。原因は、①落下物などの根がかりが思いのほか多かったこと　②台湾ガザミ（ワタリガニ）③フグの三点。

本日からリール釣り。釣果、ハゼ四三八尾、ガザミ六尾、大型シャコ三尾、セイゴ一尾。放流したものは、カレイ二尾、チンチン二尾、フグ六尾、小型イシモチ四尾。

船宿の曳船で、湾岸道路の下流、左岸、検潮器前へ行く。岸との間の水深二メートルにアンカーを入れて、砂地の斜面を釣る。小型と中型主体だが入れ食い。ボートの周囲三六〇度を竿六本でカバーして全方位を探る。いつもそうだが必ず釣れない方角がある。三回同方向へ投げれば様子がわかるから、釣れている場所付近へ竿を寄せる。手前マツリを恐れないで釣る。ちょうど一〇〇尾釣れたところで一〇メートル移動して、今まで釣っていたオモリの着水地点にアンカーを入れて、今度は扇状に竿を並べて前方を釣った。このようにしながら徐々に沖へ出た。食い気のあるハゼだけを釣れば潮止まりも関係がない。一か所に粘らないだけ。

オモリ負荷一～五号の軟調のリール竿六本使用、道糸ナイロン二号、オモリナス型六号、中型テンビン、自製仕掛けは、幹糸一・五号、袖バリ五号、ハリス〇・八号、仕掛け全長一メートルの三本バリ仕掛け。枝ス五センチ。青イソメは二、三センチの長さにつけてタラシを出した。十分に食わせるためと、ハゼを散らさないため。タイム釣りで三～五分で聞きアワセをする。すべての竿に二、三尾ずつ釣れてくれば今日のような釣果になる。本日のペースは、一時間あたり五〇尾、竿一本あたり一日七三尾、一時間あたり八・三尾だった。ハゼは大中小の交じり。本日の釣法は自称ハリネズミ釣法という。

二〇〇四年一〇月九日

本日の夕方、千葉市付近を台風二二号が通過、行徳は北東の強風と大雨になった。

行徳可動堰を開門して利根川の洪水の濁流を三番瀬に五〇時間、足かけ三日間放水し、一一日午後八時に閉門した。江戸川放水路には、レンギョ、コイ、ヘラブナその他の淡水魚が大量に死んで浮かんでいる。一四日にいたり、川のニゴリもとれた。干潮時の干潟を見た限りでは、上流からの土砂が新たに一、二センチ堆積したものと思われる。

六〜八月の洪水だと稚魚が大量に流されて、その後の釣りは大打撃を受けるが、一〇月であれば不幸中の幸いで、その点の被害は少なく、流れが静かになればハゼは釣れる。

二〇〇四年一〇月二〇日

本日の夕方、日本列島を縦断し、行徳の北を東へ抜けて、台風二三号が二一日早朝、銚子沖に達した。

このため、利根川上流域の雨水を東京湾へ放水するために、二一日午後四時に行徳可動堰が開門され、翌二二日午後五時まで二五時間、足かけ二日間にわたり洪水の濁流が江戸川放水路を流れた。手を入れると水は氷水のように冷たかった。

一年に二度も可動堰が開門されたことは、私の知る限りでは今回が初めてである。川底にさらに土砂が堆積するだろう。また、ハゼはエサ不足に直面する。ニゴリがとれるまで正味二日、釣果が安定するまでに一週間かかるだろう。

今年の晩秋は異常事態であり、深場でどのような釣りになるか予測がつかない。釣れてほしいと祈るのみ。なお、海苔養殖、アサリ漁に大きな被害が出ていると聞いている。

二〇〇四年一一月三日

晴れ、北のち南の風、一〇月初旬の陽気とかで、最高の釣り日和。本日のお客さんは大当たり。このところ、一〇月よりは一一月の方が暖かい。

中潮、満潮午前八時五三分、干潮午後一時四一分。午前六時三〇分から午後三時までの八時間三〇分の釣り。

釣果、一二～一九センチのハゼを四四七尾。江戸川放水路河口の水深一〇メートル前後での大型の落ちハゼ釣りとしては、過去一六年間で自己新記録。一九～二四センチのセイゴ七尾、チンチン二尾放流、小型ガザミ一尾放流。

夜明けとともに、船宿の曳船で河口の港湾施設内へ行く。休日であれば、大型船の出入りが少なくて釣りができる。落ちハゼの溜まり場。

A、B、C、その他の表示のあるシーバース群前に行く。油槽船が来る前に釣りを始めたが、予想外に早く着船のために立ち退く。仕事優先であり、釣りをしている方が遠慮するのは当然。七〇メートルほど移動して、今は使われていない廃棄された桟橋前に行く。水深一〇メートルほどと判断。オモリが着水してから着底するまでの時間を数えておく。すると、各ポイントの水深がわかる。水深が不明で釣りをしていると、いい釣りはなかなかできない。

ボートの周囲へ竿を七本並べ、ボートの動きによって仕掛けが少しずつ移動するように、道糸のたるみを調節した。竿を手に持って引きずる手間が省ける。冷え込みが強くなるほど誘いは重要になってくる。単なる置きっ放しでは釣果には限りがある。あとは、右回りか左回りか、竿を上げるローテーションを守るだけ。釣れない方角は見切りをつけて釣れている方角へ竿を寄せる。

本日はすべての竿にハゼが釣れてきて、空振りは一日で一〇回ほどしかなかった。二尾がけ、三尾がけの連続だった。このように釣れれば、四〇〇尾は釣れる。

本日のタックル、リール竿七本使用、オモリ一二号、弓型テンビン、道糸ナイロン二号、仕掛けは、幹糸一・五号、ハリス一号の袖バリ七号、仕掛け全長一・三メートルの三本バリ自製仕掛け。枝バリの長さ五センチほど。青イソメは、頭部を切り捨てて使用。長さ四～五センチに付けた。

本日の釣法は自称ハリネズミ釣法。ボートから竿先がツンツンと出ている様をいう。

ハゼが巣穴に潜り込んでしまう一二月中旬過ぎまで、抱卵した良型の落ちハゼ釣りができる。

釣りキチのひとこと

1、決して、釣りすぎだとか、釣果を競っているとか、批判しないでいただきたいこと。
2、一日で一〇〇〇尾釣れる「技術」が存在すること、そしてそれだけの魚がいることを知ってほしいこと。

3、私の体験によれば、最高七〇〇尾釣る人が一〇〇〇尾釣れるようになるには、技術的進歩とともに精神的な飛躍が伴うこと。

4、年によっての釣果の違いは、魚族の生息数の違いではなく、釣り人である私の都合でそうなったこと、たとえば、他魚の釣りをしていたためなど。千尾超の実績の多少も同様であること。

5、釣ったハゼはすべて食されたこと。

6、釣り可能時間は、午前六時から午後四時まで、竿一本、ハリ一本であり、季節と釣れ具合によって竿を二本使うこともあること。なお、年間総尾数にはリール釣りの釣果が含まれていること。

7、釣果は自己申告ではないこと、伊藤遊船その他の船宿の現認であること。

江戸川放水路ハゼ釣果

年	総尾数	10束釣り回数	備考
1989年	13829尾	1回	7月8日1186尾、ミャク509尾／回
1990	5519	1	
1991	2195	0	
1992	14019	4	
1993	3993	1	
1994	21391	6	
1995	23267	10	9月23日リール614尾
1996	40126	22	6月23日1959尾、ミャク1002尾／回
1997	10579	3	
1998	27132	15	
1999	9921	5	
2000	16814	2	
2001	5171	0	
2002	14011	6	
2003	30711	17	ミャク1086尾／回、10束連続15回、10月17日リール623尾
2004	23117	11	11月3日深場の落ちハゼリール447尾
16年間	261795尾	104回	

あとがき

「釣り師」という呼び名を私は大好きです。できることなら、生涯を一釣り師で終わりたいと思っています。

最近では、釣り人、釣り愛好家、釣りインストラクターなどのように釣りをする人の呼び名はいろいろです。

師とは専門の技術を会得した人を指す言葉でもあります。学問・技芸などを教授する人にも用います。

私の「師」に対する印象は「職人」という感じです。釣り師とは、職人が自らの技を追究する真摯な姿を、釣り人にあてはめた言葉だと思っています。

私が生まれ育った地は行徳水郷と呼ばれた豊かな田園地帯でした。農家に生まれ、子どもの頃は節くれだった竹の棒にたこ糸と小さなネジをオモリにして、農業用水路や江戸川で裸足でハゼを釣り歩きました。ゴミ溜をほじくり返して缶詰の空き缶にミミズを入れました。江戸川へ行けばゴカイがいくらでも捕れた時代でもありました。

そのような私が長じて「釣り師」として江戸川に戻ってきました。これまでに船釣り、堤防釣り、投げ釣り、陸っぱり、渓流釣り、ネリエ釣りなどそれぞれに属する釣りを少しずつ「触って」きました。

江戸川に回帰できたのは縁だったと思います。

懐かしいハゼに再会していっぺんに熱くなってしまいました。

「釣り師」は職人的である以上、一面閉鎖的な面もあるようです。一匹狼のようなところもあると思います。

私が会得した技術はいずれ私とともに泡と消えてしまうものです。一人で抱えこんで独占していても仕方のないことだと常々思っていました。

質問されれば答え、仕掛けを贈呈し、釣り方もお話ししてきました。ですから、釣り宿の親方が私の手作り仕掛けを参考に「商品」開発したいと言ったとき即座に了解をしたのです。

江戸川のハゼの千尾釣りの技術公開を待たれている多くのハゼ釣りファンのみなさんに贈るこの一冊は、私の自慢話に始まって自慢話に終わる本です。

その中から一人の「釣り師」の生き様を読み取っていただければこれに勝る喜びはありません。

鈴木和明

二〇〇五年四月吉日

著者プロフィール

鈴木 和明（すずき かずあき）

1941年、千葉県市川市の農家に生まれる。幼年時代から竹竿を持ってハゼを釣り歩く。サラリーマン時代は会社の釣クラブ幹事長・会長を務める。

1984年、司法書士・行政書士事務所を開設。

1989年、江戸川のハゼの数釣りに挑戦。7月8日1186尾を釣る。

同年、ワンシーズン13829尾、ミャク釣り509尾／回。

1996年、自己記録　6月23日1959尾、ミャク釣り1002尾／回、千尾超釣り22回、ワンシーズン40126尾。

1999年、執筆活動を始める。

2003年、自己記録のミャク釣り1086尾／回、千尾超釣り15回を連続達成。10月17日リール釣りで自己記録623尾。

2004年、過去16年間の総尾数261795尾、1日千尾超釣り累計104回となる。以上はhttp://www.s-kazuaki.comで公開中。

南行徳中学校PTA会長を2期務める。新井自治会長を務める。

「週刊つりニュース」ペンクラブ会員。出版コーディネーター。市川博物館友の会会員。新井熊野神社氏子総代。

趣味：読書、釣り、将棋（初段）。

江戸前のハゼ釣り上達法

2005年5月15日　初版第1刷発行
2014年10月30日　初版第3刷発行

著　者　鈴木 和明
発行者　瓜谷 綱延
発行所　株式会社文芸社
〒160-0022　東京都新宿区新宿1－10－1
電話　03-5369-3060（編集）
03-5369-2299（販売）

印刷所　株式会社平河工業社

ISBN4-8355-8975-0

『僕らはハゼっ子』

ハゼ釣り名人の著者が、ハゼの楽園江戸川の自然への愛情と、釣りの奥義を愉快に綴ったエッセイ集。

四六判 88 頁
定価 864 円（税込み）

『江戸前のハゼ釣り上達法』

江戸川でハゼを釣ること 16 年。1 日 1000 尾釣りを目標とし、自他ともに認める“ハゼ釣り名人”がその極意を披露。ハゼ釣りの奥義とエピソードが満載！

四六判 196 頁
定価 1､404 円（税込み）

『天狗のハゼ釣り談義』

自分に合った釣り方を開拓して、きわめてほしいという思いをこめ、ハゼ釣り名人による極意と創意工夫がちりばめられた釣りエッセイ。釣り人の数だけ釣り方がある。オンリーワン釣法でめざせ 1 日 1000 尾 !!

四六判 270 頁
定価 1､512 円（税込み）

『ハゼと勝負する』

1 日 1000 尾以上を連続 22 回達成。限られた釣りポイントでも、釣り師にとって、日々変化する環境に対応して生きるハゼを、どのような釣技でとらえていくのか。その神がかり的釣果の記録をまとめた一冊。

四六判 200 頁
定価 1､296 円（税込み）

『HERA100　本気でヘラと勝負する』

テクニックを追求すればキリがないほど奥の深いヘラブナ釣り。1日 100 枚。常識を超えた釣果の壁を破る！　釣果を期待したい人はもちろん、幅広い釣り人の要求に応えるコツが満載の痛快釣りエッセイ。

四六判 298 頁
定価 1､512 円（税込み）

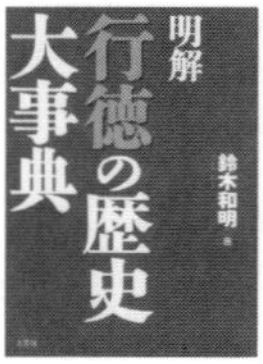

『明解　行徳の歴史大事典』

行徳の歴史にまつわるすべての資料、データを網羅。政治、経済、地理、宗教、芸術など、あらゆる分野を、徹底した実証と鋭い感性で変化の道筋を復元した集大成。
四六判 500 頁
定価 1,944 円（税込み）

『行徳郷土史事典』

行徳で生まれ育った著者がこよなく愛する行徳の歴史、出来事、エピソードを網羅しまとめた大事典。
四六判 334 頁
定価 1,512 円（税込み）

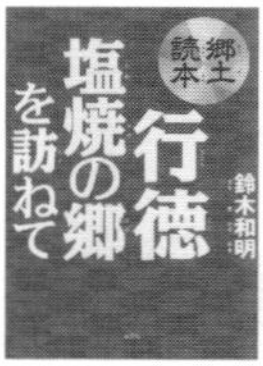

『郷土読本　行徳　塩焼の郷を訪ねて』

時代と歴史の深さを知ることができる充実した学んで身になる郷土史。
塩焼で栄え要衝としてにぎわった行徳の町の様子や出来事、産業、人物、伝説など、興味深い話が続々と登場。中世から江戸、明治、大正に至る歴史的背景を紐解きつつ紹介。
A5 判 290 頁
定価 1,512 円（税込み）

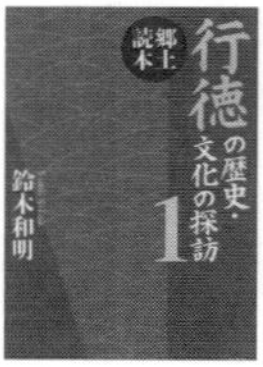

『郷土読本　行徳の歴史・文化の探訪　1』

古文書の代表である「香取文書」や「櫟木文書」をはじめ文書、物語などあらゆるものを駆使し、豊富な資料から、古代より江戸時代の行徳の塩焼と交通の様子を読み解く。
各種団体、学校、公民館などでの講演・講義資料をまとめた行徳の専門知識・魅力が満載の郷土史。
四六判　236 頁
定価 1,404 円（税込み）